무엇을 아끼고
어디에 투자할 것인가

save

무엇을 아끼고
어디에 투자할 것인가

사친 처드리 지음 | 오시연 옮김

invest

SNOWFOX

뜻밖의 행운

나는 어릴 적 아버지의 일 때문에 몇 년간을 일본에서 살았다. 당시 일본은 거품경제라 할 만큼 초호황기를 누리고 있었다. 너나없이 모두가 그 수혜를 나눠 가졌다. 화려한 그 시절, 그때의 풍요로움을 잊지 못한 나는 인도에서 대학을 졸업하고 **1996**년에 다시 일본을 찾았다. 일본에서의 성공을 꿈꾸며 말이다.

그러나 현실은 냉혹했다. 내가 할 수 있는 일이 없었다. 겨우 찾은 일감이라고 해 봐야 아웃바운드 영업이 전부였다. 문제는 언어에 있었다. 내 일본어 실력은 겨우 더듬거리는 정도였던 것이다.

언어의 장벽은 높았다. 거기다 일본 특유의 문화를 이해하지 못해 서러움까지 더해졌다. 얼마나 많은 날을 눈물로 베갯잇을 적셨는지! 그때마다 인도로 돌아가야겠다는 생각과 함께 설움이 복받쳤다.

그러던 어느 날 뜻밖의 행운이 찾아왔다. 내 나라 인도의 대부호가 일본에 방문한 것이다. 나는 기적처럼 그를 만나게 되었다. 그는 내게 인도 왕정 시대부터 뿌리 깊게 내려온 주가드(Jugaad, 열악한 환경에서 생존하기 위해 독창적인 방식으로 해법을 찾아내는 경영. 인도 기업의 경영 철학을 상징적으로 나타내는 용어다) 사상을 전수해 줬다. 주가드는 대부호가 전해 준 가르침이라는 이유로 내게 자신감과 희망이 되었다.

'대부호가 알려 준 귀중한 조언이야. 어디 한 번 죽기 살기로 해 보자!'

그저 마음가짐이 달라졌을 뿐인데 이후 영업 실적이 네 달 연속 전국 1위가 되었다. 내 인생이 크게 변하기 시작한 것이다.

몇 년이 흘러 나는 내 회사를 세웠다. 그리고 여러 사업으로 영역을 확장해 나갔다. 그중에는 상장까지 한 회사도 있다. 그러자 모국 인도에서도 성공적인 젊은 사업가로 주목받기 시작했다. 시간당 **70**만 엔을 받는 국제 컨설턴트가 되었으며 **TV**에 출연하기도 했다. **10**여 년 전에는 본격적으로 자산 운용을 시작해 **1000**만 엔 상당의 부동산을 구매했다. 이 부동산은 현재 **1**억 **2000**만 엔이 되었다. 부동산 투자는 지금도 세계 여러 곳에서 하고 있다.

지금이야 순풍에 돛 단 듯 부와 명예를 가지게 되었지만 이전의 나를 돌이켜 보면 무엇 하나 편히 가지지 못했던, 그야말로 지독하게 가난했던 시절의 내가 있다. 부자가 될 수 있으리라고는 상상도 할 수 없던 시절 말이다. 그때의 나는 아무런 의욕이 없었다. 그러니 아무런 행동도 하지 않았다. 모든 게 귀찮고 싫었다. 동료들과 술을 마시며 불만을 토로하고 앞이 보이지 않는 인생을 한탄하는 게 전부였다. 생각해 보면 인간은 원래 게으름뱅이가 아닌가 싶다. 거기다 나약하다. 그럼에도 인간은 변한다. 아니 변할 수 있다. 나도, 내 주위 사람들도 완전히 다른 사람이 되어 승승장구하고 있으니 말이다.

　본격적으로 투자 활동을 시작하면서 내가 깨달은 부의 이치를 사람들에게 나눠 주고 싶다는 생각이 들었다. 그렇게 4년 동안 1,000명 이상을 상대로 컨설팅을 하고 있다. 신기한 것은 그 과정에서 앞으로 앞으로 부자가 될 사람과 결국 부를 이루지 못할 사람의 차이를 발견했다는 점이다.
　결정적으로 짐 로저스와의 인터뷰를 통해 보다 명확한 차이를 깨달을 수 있었다. 2014년 9월, 나는 세계 3대 투자가로 꼽히는 짐 로저스(30대에 어마어마한 부를 손에 넣고 전 세계를 오토바이로 한 번, 벤츠 자동차로 한 번 일주한 바 있는 전설적인 투자가)와 직접 만났고 그를 인터뷰할 기회를 얻었다. 그와 인터뷰를 하는 동안 사람들에게 전할 돈에 대한 노하우가 넘치게 흘러나왔다. 불쑥불쑥 '아 이것만큼은 다른 사람들도 꼭 알아야 할 텐데…'라는 생각에 사로잡혔다. 앞으로 부자가 될 사람은 분명히 있고 당연히 비결 또한 존재한다는 것을 말이다.

이 책은 앞으로 부자가 될 사람, 짧은 기간 착실하게 투자에 성공한 사람들은 무엇이 다른가!

그 핵심 전략을 담아 세상에 나왔다.

책에서 소개하는 앞으로 부자가 될 사람과 결국 부를 이루지 못할 사람의 차이는 21가지다. 가장 중요한 것은 내면에 들러붙은 저주를 푸는 것이다. 일본에 다시 왔을 때 나는 그 저주에 걸려 있었다. '어차피 뻔해, 세상은 다 그런 거야. 잘 풀릴 리 없지' 같은 거짓 생각에 휘둘릴 때도 있었다.

"사친, 자네는 분명 잘될 거야. 아주 조금만 바뀐다면 말이지."

인도의 대부호가 내게 해 준 말이다. 나는 이 말을 믿었다. 그리고 가슴 깊이 새겼다.

　이 말을 여러분에게도 선물하고 싶다.

　"여러분은 분명 잘될 겁니다. 아주 조금만 바뀐다면 말이죠."

| 목차 |

1장

'투자의 귀재' 짐 로저스가 그랬듯
성공한 사람에게
"성공의 비결은 무엇입니까?"라고 물으면
하나같이 열정이라고 답한다.

앞으로 부자가 될 사람은
진심으로 돈을 모으고 싶어 한다.
진심으로 돈을 갖고자 열망한다.
그리고 그 열망을 열정으로 불태우며
부자가 되고 싶다. 자산을 만들고 싶다는
생각에 입각해 몸을 움직인다.

진심으로 바라는 사람과
막연하게 주어지면 좋겠다는 사람.
어느 쪽 소망이 실현될까?

2장

사람들은 변하길 원한다.
물론 더 좋은 방향으로 말이다.
그래서 적지 않은 사람이
자신을 바꾸기 위해 어떤 방법을 적용한다.

그 어떤 방법이란 습관을 바꾸는 것이다.
생활 패턴을 바꿈으로써 자신을 바꾼다.

성공한 사람과 부자
돈을 많이 벌게 될 사람에게는 공통점이 있다.
돈을 관리하지 못하는 사람은
아무리 시간이 지나도
돈이 없는 상태에서 벗어나지 못한다.

반면 돈을 많이 갖게 될 사람은
돈을 제대로 관리한다.

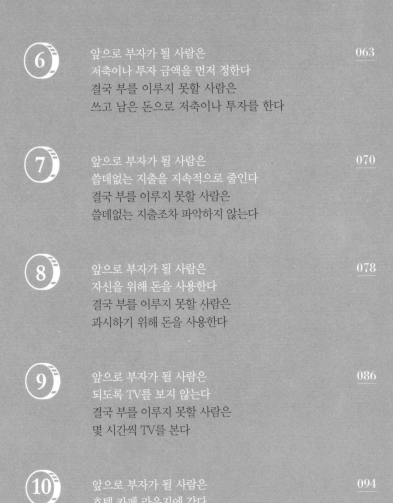

3장

처음에는 누구나 배워야 한다.
그리고 연습해야 한다.
연습을 통해 경험해야 한다.
그렇게 점점 실력이 느는 것이다.

그런데 많은 사람이 돈에 관해서는 배우려 하지 않고
그저 부자가 될 수 있다고 생각한다.
연습하지 않아도
처음부터 부자가 될 수 있을 거라고 착각한다.

당연히 잘될 리 없다.

4장

일상의 평온을 깨야 한다면
이것은 주객이 전도된 셈이다.
그것을 잃어 가면서까지
돈을 늘리려고 생각하면 안 된다.
그렇게 하면 오래할 수 없다.
또 이성적이고 올바른 판단을 할 수 없다.

우리는 지속할 수 있는
투자 사이클을 만들어야 한다.
즉 장기적으로 돈을 늘리겠다는 자세가 필요하다.

조바심을 낼 필요가 없다.

5장 '세계 3대 투자가' 짐 로저스와의 특별 인터뷰

이 책은 짐 로저스와의 만남에서
영감을 받아 태어났습니다.

이런 이유로 짐에게
독자를 위한 특별 인터뷰를 요청했고
그는 흔쾌히 수락했습니다.

짐 로저스가 우리 모두에게 전하는 내용입니다.

1장

'투자의 귀재' 짐 로저스가 그랬듯
성공한 사람에게
"성공의 비결은 무엇입니까?"라고 물으면
하나같이 열정이라고 답한다.

앞으로 부자가 될 사람은
진심으로 돈을 모으고 싶어 한다.
진심으로 돈을 갖고자 열망한다.
그리고 그 열망을 열정으로 불태우며
부자가 되고 싶다, 자산을 만들고 싶다는
생각에 입각해 몸을 움직인다.

진심으로 바라는 사람과
막연하게 주어지면 좋겠다는 사람.
어느 쪽 소망이 실현될까?

여러분은
기차의 승객으로 살겠습니까,
기관사로 살겠습니까?

앞으로 부자가 될 사람은
돈을 늘릴 생각을 한다

결국 부를 이루지 못할 사람은
막연히 돈이 모이면 좋겠다고 생각한다

인생이 조금씩 달라지고 있다는 걸 느낄 무렵 나는 성공한 사람들의 이야기에 귀를 더 기울였다. 그들에게는 하나의 공통점이 있었다. 그들은 모두 열정을 갖고 있었다. 이 열정은 집중과 즐거움, 능동적인 태도로 연결되었다.

나 역시 아주 조금 삶의 자세를 바꿨을 뿐인데 놀라운 일이 일어났다. 일이 재미있어졌을 뿐 아니라 순조롭게 일이 풀렸다. 사람들도 내 주변으로 모여들었다.

무엇을 아끼고
어디에 투자할 것인가

근래 많은 사람이 내가 운영하는 투자 아카데미에서 강의를 듣는다. 내 눈에는 그들이 두 가지 부류로 나뉘어 보인다. 안타깝게도 그들 중 일부는 평생 돈을 벌지 못한 채 살게 될 것이란 걸 직감적으로 알 수 있다. 그것은 열정적인 사람인가 아닌가로 뚜렷하게 드러난다.

이런 이유로 나는 세미나를 시작할 때마다 열정을 그 무엇보다 강조한다.

"제 이야기를 열정을 갖고 들어 주세요."

하지만 그럼에도 기운이 없는 듯 보이는 사람이 있다. 귀한 시간, 먼 거리를 마다하지 않고 강의를 들으러 왔음에도 손을 축 늘어뜨린 채 아무런 생기를 품고 있지 않은 사람이다. 열정적으로 들어 달라는 강사의 첫마디에도 주의를 환기시키지 못하는 사람이다. 나를 바라보는 그들의 시선에는 초점이 없고 무표정하다. 그들은 어떤 말에도 고개를 끄떡이지 않는다. 매우 값비싼 강연에 투자를 했음에도 그들의 표정에는 어떠한 기대감도 엿보이지 않는다. 누구나 안다. 열정이 있는 사람은 더 알기 위해 눈을 반짝이며 메모를 하고 고개를 끄덕인다는 사실을 말이다.

그들은 정말 부자가 되고 싶은 걸까? 진심으로 자산가가 되고 싶은 걸까? 성공한 사람이 되고 싶다는 열망이 있긴 한 걸까? 알

길은 없다. 하지만 그들에게는 돈을 벌고 싶다는 진심이 전혀 느껴지지 않는다.

성공한 사람들은 순간순간을 소중히 여긴다. 한 시도 허투루 보내지 않는다. 열정이 있기 때문이다. 나는 돈에 대한 열정이 없는데 부자가 된 사람을 알지 못한다. 투자의 귀재 짐 로저스가 그랬듯 성공한 사람에게 "성공의 비결은 무엇입니까?"라고 물으면 하나같이 열정이라고 답한다.

앞으로 부자가 될 사람은 진심으로 돈을 모으고 싶어 한다. 진심으로 돈을 갖고자 열망한다. 그리고 그 열망을 열정으로 불태우며 부자가 되고 싶다, 자산을 만들고 싶다는 생각에 입각해 몸을 움직인다. 반면 결국 부를 이루지 못할 사람은 막연히 돈이 모이면 좋겠다고 생각한다. "기왕이면 돈이 많으면 좋겠다", "가능하면 돈을 좀 모으고 싶다"고 말한다. 돈을 열정적으로 갈망하지 않는 것이다.

돈에 강자가 될 만큼 부를 쌓을 사람은
돈을 늘릴 생각을 한다.
결국 부를 이루지 못할 사람은
돈이 늘어날 것을 기대한다.

무엇을 아끼고
어디에 투자할 것인가

진심으로 생각하는 사람과 막연히 생각하는 사람, 진심으로 무언가를 바라는 사람과 막연하게 주어지면 좋겠다 정도로 생각하는 사람. 어느 쪽의 실현 가능성이 더 클까? 말할 것도 없는 질문 아닌가!

그렇다면 어떻게 해야 이런 진심이 생길까?

돈을 모으고 싶어 한다는 것은 돈을 늘리려는 행동을 스스로 하는 것으로 연결된다. 반면 막연히 돈이 모였으면 좋겠다고 생각하는 것은 무언가가 돈을 늘려 주기를 기대하며 의지하는 마음으로 연결된다. 심할 경우 운에 맡겨 버린다. "열심히 좀 해 줘"하며 누군가에게 일을 맡길 수는 있다. 하지만 그렇게 누군가에게 맡긴 일에 열정을 갖기란 거의 불가능하다. 역설적으로 결국 열정을 가질 수 없게 되는 것이다. 내가 직접 해 보자고 생각하면, 내가 돈을 늘려 보겠다고 나서면 어떻게 될까? 직접 나서는 순간 열심히 할 수밖에 없다. 행동하기 시작하면 열정은 수반되어 따라온다.

인생은 내 것이다. 당연히 스스로 살아가야 한다. 남에게 의지하고 맡기는 순간 운명도 남의 손에 넘어간다. 이건 내 미래를 다른 사람에게 거저 넘겨주거나 심하게 말해 팔아넘기는 것과 같은 행위다.

남에게 맡기지 않고 스스로 해야 한다고 깨닫기만 해도 인생이 바뀐다. 하고 싶은 일이나 자신의 꿈을 향해 신바람 나게 노력하면 변하는 것이 있으니 바로 결과다. 나는 이 메시지를 전하기 위해 이 책을 쓰고 있다.

"여러분은 기차의 승객으로 살겠습니까, 기관사로 살겠습니까?"

투자 아카데미에서 매번 하는 질문이다. 승객이 되면 남이 가자는 대로 끌려갈 수밖에 없다. 어디로 가는지도 정확한 목적지도 알 수 없다. 몇 킬로미터로 달릴지, 몇 명을 태울지, 어디서 멈출지도 결정할 수 없다. 그래서 생각지도 못한 곳으로 끌려가고 만다. '내 인생은 이런 게 아니었는데', '이렇게 할 걸 그랬어'라는 후회가 밀려든다.

이런 인생을 살고 싶지 않다면 기관사로서 내 인생을 직접 결정해야 한다. 종착역을 어디로 할지, 얼마나 속도를 낼지, 어디에 정차할지, 몇 분간 멈춰 있을지, 누구를 태울지를 스스로 결정해야 한다.

기관사와 승객. 어느 쪽 인생이 더 즐거울까? 가고 싶은 곳에 갈 확률은 어느 쪽이 높을까? 어느 쪽이 충실한 인생을 보낼 수 있을까?

앞으로 부자가 될 사람은
마음속으로 자신을 믿는다.
결국 부를 이루지 못할 사람은
마음속으로 자신을 불신한다.

앞으로 부자가 될 사람은 스스로 생각하고 행동하기에, 선택하고 나아가기에, 열정을 갖고 있기에 자신에 대한 강한 믿음이 있다. 이와 달리 결국 부를 이루지 못할 사람은 자신의 인생을 누군가에게, 어떤 요행에, 적당한 바람에 맡겼기에 확신이 없다. 상대적으로 돈에 대해서 안절부절한 채로 산다. 선택할 수 없기에 주도할 수 없고 깊이 생각하지 않는다. 막연하니 그에 걸맞은 행동이 나온다. '과연 내가 돈을 벌 수 있을까'란 물음에 불신을 품고 있는 건 어찌 보면 당연하다.

그 불신을 극복하는 전통적인 불변의 법칙은 의식과 선언이다. 인생의 주인이 되겠다는 의식과 선언 말이다. 물론 손쉽게 그리고 가볍게 누구나 실행할 수 없다는 데 동의한다. 어쩌면 불안이나 불신을 느낄 수 있다는 점에서도 동의한다. 하지만 그럼에도 스스로 그 불안을 넘어서는 사람만이 성공과 부를 얻게 되는 것만큼은 분명하다.

거기다 거저 얻어지는 이점도 있다. 스스로 주도하는 삶은 막연히 기다리거나 남에게 의지하며 사는 것보다 확실히 충실하다. 충만함이 깃드니 생기가 넘친다. 좋은 기운도 흘러넘친다. 그렇게 사는 사람에게 열정이 솟아나지 않을 리가 없다.

앞으로 부자가 될 사람은
돈의 가치를 진심으로 신뢰한다

결국 부를 이루지 못할 사람은
돈을 드러내 놓고 말하는 건 좋지 않다고 생각한다

돈 앞에 강자가 될 사람과 결국 부를 이루지 못할 사람의 두 번째 차이는 '돈을 진심으로 신뢰하는가'이다.

의문을 가질 수도 있겠다. '어떻게 돈을 신뢰하지 않는데 부자가 되고 싶어 할 수 있을까?' 하고 말이다. 하지만 의외로 많은 사람이 돈이 가져다주는 확실한 편익에 대한 인식을 하지 못할 뿐 아니라 누군가를 믿는다는 의미로 "나는 그를 신뢰해"라고 표현할 정도의 믿음을 갖고 있지 않다. 다시 말해 돈은 생활을 안정시켜 주고 보다 많은 행복을 가져다줄 수 있는 도구로 실제 삶을 윤택하게 만들어 주기 때문에 정말 중요하지만 안타깝게도 의외로 다수가 돈을 많이 벌 수 있다는 믿음을 가지고 있지 않다. 겉으로는 돈의 필요성과 속성을 믿는 듯하지만 마음속으로는 돈이 가진 능력과 가능성을 의심하는 것이다.

가족이나 친한 친구처럼 나를 진심으로 믿어 주는 사람도 있지만 믿는 척만 하고 속으로는 의심하는 사람도 있을 것이다. 돈도 마찬가지다. 자신을 진심으로 믿어 주는 사람의 곁으로 가고 싶어 한다. 하지만 상당수의 사람은 이 사실을 믿지 않는다. 마음 한구석에서 나 역시 돈을 벌 수 있다는 것과 돈은 정말 유용하며 꼭 가져야 한다는 생각 자체를 의심쩍어 한다. 사실 의심할 부분은 하나도 없는데 말이다.

어쩌면 돈을 의심하는 이런 습관은 어릴 적부터 주입된 저주 때문일지도 모른다. 일본에서 지내면서 일본인들의 사고를 조금 더 잘 알게 되었을 때 그들이 가진 돈에 대한 암묵적 가르침에 놀라지 않을 수 없었다.

세상 사람들은 국적 불문하고 어릴 적부터 돈은 중요한 것이라고 배운다. 일본이라고 다르지 않다. 하지만 동시에 일본에는 돈은 좋지 않은 것, 돈에 밝거나 돈을 벌려고 집중하는 일은 나쁘다는 상반된 이념이 도사리고 있었다. 실제로도 그렇게 배우고 있었다.

"누가 만졌는지 모르니까 돈을 만졌으면 꼭 손을 깨끗이 씻어야 해."

"저 봐, TV를 보라고. 또 부자가 체포되었네. 돈이 너무 많으면 사람이 이상해진다니까."

"저 집은 또 차를 바꿨네. 저렇게나 돈이 많다니! 분명 뭔가 지저분한 짓을 했을 거야."

"저 사람은 입만 열면 돈타령이야. 욕심이 많기도 하지."

일본인이라면 대부분 어른에게 이런 말을 들으며 자랐을 것이다. 한국도 마찬가지다. 그러다 보니 어느새 이 말들이 마음 깊은 곳에 꾹꾹 새겨졌을 것이다. 당연히 돈이라는 존재를 진심으로 신뢰할 수가 없다. 마음 한구석에서 돈을 벌거나 늘리거나 돈에 대해 생각하는 것은 바람직하지 않다고 여기게 되어 버린 것이다. 사실은 돈이 많았으면 좋겠고, 돈을 벌고 싶고, 돈에 대해 생각하는 게 당연하니 그런 생각을 많이 하고 싶은데 일본인들은 대놓고 말하지 않는다. 돈에 대해 이야기하는 자신을 속으로 욕하거나 손가락질할 것 같다는 걱정이 앞서기 때문이다.

그렇다. 어린 시절 돈에 대한 저주가 장벽을 높이 쌓아 버린 것이다. 이 장벽이 자신에게 돈이 다가올 수 없도록 철통 수비를 하고 있다는 것을 모른 채 말이다.

오해하지는 말기를 바란다. 나는 물건을 소중히 다루며 절약을 미덕으로 삼는 일본의 문화에 감동하며 동의한다. 어느 나라에서든 본받아야 할 훌륭한 문화라고 생각한다. 단지 일본이 가진 절약의 개념과 인도를 비롯한 세계 여러 나라가 가진 돈에 대한 개념을 조합하면 일본인이나 한국인도 더 쉽게 돈과 친해질 수 있다고 생각할 뿐이다.

인도인은 어릴 적부터 돈이 얼마나 중요한지를 배우며 자란다. 만약 인도의 부모라면 아이에게 이렇게 말할 것이다.

"자, 저 부자 아저씨를 보렴. 저 사람은 투자해서 막대한 재산을 쌓았어. 대단하지?"

"저 사람은 일본에서 사업해서 성공했단다. 너도 크면 저렇게 될 거야."

일본(이나 한국)에서는 돈은 좋지 않은 것이라는 분위기가 바탕에 강하게 깔려 있어서인지 가정에서 돈에 관한 이야기를 거의 하지 않는다. 당연히 돈에 대해 교육하지도 않는다. 그러면서 자녀가 돈 걱정 없이 돈 잘 버는 성인으로 자라 주기를 바란다. 하지만 과연 그게 될까? 의문이 드는 지점이다.

그러나 인도는 다르다. 돈에 관한 생각을 스스럼없이 드러내고 표현한다.

"옆집은 수입 소형차를 샀다네! 좋아! 그렇다면 우리는 더 많이 돈을 벌어서 보란 듯이 수입 SUV를 사자고!"

일상생활에서도 수시로 돈 이야기를 하고 온 가족이 모여서 블루마블이나 억만장자 게임을 하는 경우도 적지 않다. 이런 가정에서 자란 인도 아이들은 자연스럽게 '내가 어른이 되면 돈을 많이 벌어야겠다'고 생각한다. 전 세계에 인도 출신의 백만장자가 많은 이유다.

물론 인생에 있어서 돈이 전부는 아니다. 돈만 있으면 만사가 해결된다는 보장은 없다. 그렇게 주장할 생각도 없다. 그러나 돈의 중요성은 인정한다. 돈을 원하는 사람, 부자가 되고 싶은 사람이 많다는 사실 또한 말할 필요가 없다.

따라서 우리는 이제 무의식중에 주입된 돈에 대한 부정적 인식을 버려야 한다. 부정적 인식은 돈을 손에 넣고 늘리지 못하게 방해한다. 이는 수치로도 나타난다. 총자산 중 투자 활동이 점유하는 비율을 보면 미국은 52퍼센트인 데 반해 일본은 15.1퍼센트다. (한국은 13.8퍼센트다.) 유럽은 중간 정도인 **29.3**퍼센트다. 투자는 당연히 위험을 전제한다. 그 점 때문에 투자에 대한 거부감이 드는 것은 충분히 이해할 수 있다. 하지만 그것을 고려해도 일본인 (과 한국인)은 돈을 늘리려는 의식이 다른 나라 사람들에 비해 매우 적은 편이다.

돈에 대한 부정적인 인식에서 탈피하고 싶다면 돈에 대한 긍정적 이미지를 끊임없이 뇌에 각인시킬 필요가 있다. 돈이 있으면 어떤 좋은 일이 일어날까? 돈이 많으면 좋은 집에 살 수도 있고 좋은 물건을 가질 수도 있다. 그게 다가 아니다. 돈이 주는 가장 큰 이점은 인생의 선택지가 늘어난다는 데 있다. 다시 말해 할 수 있는 일이 늘어난다. 근교 온천에서 몸을 담그고 푹 쉬는 것도 좋지만 돈이 많으면 하와이의 오성급 호텔 스위트룸에서 눈앞에 펼쳐진 푸른 바다를 볼 수도 있다. 그 밖에 모든 부면의 선택지 역시 몇 배로 늘어난다.

짐 로저스는 이 상황을 두고 "자유를 손에 넣을 수 있다"고 표현했다. 돈이 있으면 거의 모든 것을 내가 선택하기 때문이다.

돈을 쓴다는 행위는 고용, 매출, 세수 등 경제에 기여하는 것이다. 돈으로 남을 도와줄 수도 있다. 기부나 후원, 요즘에는 크라우드펀딩(후원, 기부, 대출, 투자 등을 목적으로 웹이나 모바일 네트워크를 통해

다수의 개인으로부터 자금을 모으는 행위)으로 새로운 일에 도전하는 사람을 응원해 줄 수도 있다.

왜 부자는 더 부자가 되려고 할까? 두말할 필요 없이 돈은 인생을 훨씬 풍요롭게 만들기 때문이다. 이제 당신 역시 돈의 긍정적인 면을 언제나 생각하며 돈을 진심으로 믿기로 결심했기를 바란다. 그랬다면 돈이 당신과 친해지려고 다가올 것이다.

66

From. Jim Rogers

열정을 쏟을 수 있는 일을 하는 사람은
일하고 있다 또는
부림을 당한다는 감각이 아예 없습니다.
하고 싶은 일에 열정을 쏟고 있을 뿐이죠.

그런 사람은 성공 여부와 상관없이
무척 행복해 보입니다.

99

앞으로 부자가 될 사람은
사랑하는 사람을 지키기 위해 돈을 벌고자 한다

결국 부를 이루지 못할 사람은
나 자신을 기쁘게 하기 위해 돈을 원한다

앞으로 부자가 될 사람과 결국 부를 이루지 못할 사람의 세 번째 차이는 뚜렷한 목적이나 목표가 있는가 여부에 있다. 막연히 돈이 많기를 바라는 사람과 하고 싶은 일이 있어서 돈을 원하는 사람 중 누가 더 열정적일까? 누구에게 돈이 다가올까? 사람들은 누구에게 더 공감하고 응원의 메시지를 보낼까? 당연히 후자일 것이다. 막연히 돈이 있으면 좋겠다고 백 번이고 생각만 한들 돈은 내 지갑에 들어오지 않는다.

따라서 목적이나 목표를 제대로 설정하는 것이 중요한데 이

때 목표는 최대한 구체적이어야 한다. 동시에 커야 한다. 작은 목표는 너무 금방 달성하기 때문이다.

작은 목표만을 세우는 사람에게는 한 가지 특징이 있다. 그들은 실패를 피하고 싶어 하기 때문에 큰 목표를 세우지 않는다. 자신이 세운 목표를 달성하지 못해 스스로에게 실망감을 안겨주고 싶어 하지 않는다. 그래서 일부러 작은 목표를 설정한다. 하지만 그렇게 해서는 목표를 달성할 수 없다. 앞으로 부자가 될 사람과 결국 부를 이루지 못할 사람을 가르는 매우 중요한 요인이기도 하다.

이런 연유로 누구든 돈에 대해서라면 큰 목표를 정한 다음 그 목표를 작은 목표로 잘게 쪼개는 일이 선행되어야 한다. 작은 목표를 하나씩 달성해 나가면 마침내 큰 목표에 도달하게 되는 건 만고의 이치이기 때문이다.

투자 아카데미에서 강연을 하다 보면 돈에 대한 다양한 변명을 듣는다. 특히 저축에 대한 변명이 대부분을 차지한다.

"어쩔 수 없이 돈을 많이 써야 해서요."

"벌이가 적어서요."

"지금은 직장이 없어서요."

그들이 인지하든 그렇지 않든 진짜 이유는 그들에게 나오지

무엇을 아끼고
어디에 투자할 것인가

않는다. 돈을 갖지 못하는 진짜 이유는 목적이나 목표가 없다는 데 있다. 인간은 목적이나 목표가 있어야 무엇이든 실행에 옮긴다. 저축이라고 다르지 않다. 그들 대부분이 과연 저축을 못하는 상황에 처해 있을까? 아니다. 그들은 그저 할 수 있음에도 하지 않는 것뿐이다.

물론 목적이나 목표가 있는데도 행동하지 않는 사람도 있다. 특별한 케이스일까? 아니다. 그저 그 목표를 의식하지 않으려고 하거나 목표를 아예 잊고 있을 뿐이다. 인간은 망각의 동물이니까.

나는 목적이나 목표는 수첩, 일기장을 포함한 그 어디든 적혀 있어야 한다고 본다. 내 시야에 들어오는 곳에 목표를 붙이면 그 목표를 무의식중에 각인시킬 수 있는 건 당연하다. 그렇게 할 때 목적이나 목표를 언제든 의식할 수 있다.

그다음 할 일은 목표를 쪼개는 것이다. 예를 들어 큰 목표가 '내 집 장만을 위해 종잣돈을 마련하겠다'라면 작은 목표로는 '매월 50만 원씩 저축한다'를 설정하는 식이다. 지금 저축을 할 수 없는 상태―분명 부채가 있거나 또 다른 어떤 일에 매여 있는 경우일 것이다―라더라도 잘게 쪼개기는 가능하다. 부채를 매월 얼마씩 갚기로 한다거나 어떤 상황에 더 이상 개입하지 않기로 결정하고 그에 걸맞게 상황을 변화해 가는 것이다. 여기에 작은 목표를 달성하기 위한 행동, 즉 **To Do**까지 계획한다면 금상첨화다.

- 큰 목표: 내 집 장만을 위해 종잣돈을 마련한다.
- 작은 목표: 매월 50만 원씩 저축한다.
- 목표를 달성하기 위한 To do:
1. 술 마시는 횟수를 줄인다.
2. 담배를 끊는다.
3. 비싼 커피를 마시는 횟수를 줄인다.

- 큰 목표:
- 작은 목표:
- 목표를 달성하기 위한 To do:
1. _____
2. _____
3. _____
4. _____
5. _____

무엇을 아끼고
어디에 투자할 것인가

구체적이고 큰 목표가 있어도 목표를 달성하기 위한 길 즉 지도를 그리지 않으면 목표에 도달할 수 없다. 돈을 모으려는 동기부여도 되지 않는다. 큰 목표와 작은 목표 그리고 **To do**까지 설정했을 때 돈을 정말 갖고 싶다는 의지가 진정한 의미를 획득한다.

이렇게 말하고 나면 사람들은 손을 번쩍 들고 내게 질문한다.

"목표라는 게 떠오르지 않아요."

우리 모두 돈이 많으면 좋겠다고 여기며 부자를 꿈꾼다. 하지만 구체적인 목표가 없다는, 생각나지 않는다는 사람은 늘 있다. 이런 사람들은 막연히 부자를 꿈꾸는 사람들이다. 어쩌면 앞서 말한 돈은 좋지 않은 것이라는 저주가 방해하고 있는지도 모른다.

'부자가 되면 사람들이 나를 안 좋게 보지 않을까?'

'부자가 되고 싶다고 대놓고 말하면 차가운 눈으로 보지 않을까?'

'저 사람은 만날 돈 이야기만 한다고 손가락질당하지 않을까?'

이 저주를 풀 수 있을까? 물론이다. 게다가 돈에 대한 큰 목표나 목적을 만들 방법이기도 하다. 그것은 마음을 바꾸는 것이다.

**앞으로 부자가 될 사람은
다른 사람을 기쁘게 하려 한다.
결국 부를 이루지 못할 사람은
자신을 기쁘게 하려 한다.**

가족을 기쁘게 하고 싶어서 부자가 되고 싶은 사람은 큰 목표를 다음과 같이 설정해 둘 수 있을 것이다.

- 가족을 위한 좋은 집 마련하기
- 아이를 유학 보내기
- 부모님에게 맛있는 음식을 대접하기
- 직계가족 혹은 조카들의 학비 지원해 주기

이렇게 생각하는 사람을 나쁘게 볼 이가 있을까?

친구를 돕고 싶어서 부자가 되고 싶은 사람도 있다. 전혀 친분이 없는 신생 기업을 후원하고 싶어 부자가 되고 싶은 사람도 있다. 모두 다른 사람을 기쁘게 하고 싶어서 부자를 꿈꾸는 사람

무엇을 아끼고
어디에 투자할 것인가

이다. 자신을 위해 부자가 되고 싶은 마음이 들지 않던 사람도 자신이 사랑하는 그 누군가를 위해서는 없던 힘도 솟구치지 않을까?

나 역시 처음에는 부모님 은혜에 보답하려는 마음에 돈을 벌고자 했다. 우리 부모님은 경제적으로 넉넉하지 않았다. 그럼에도 허리띠를 졸라매고 대학까지 마치게 해 주셨다. 언젠가 나는 아버지가 친구분께 돈을 빌리는 걸 본 적이 있다. 당시 철없던 나는 창피하다는 생각이 먼저 들었다. 그러고는 아버지에게 따지듯 물었다.

"왜 돈을 빌리셨어요?"

"네 학비 마련하려고."

아버지는 내게 그 광경을 들켜서 몹시 부끄러웠을 것이다. 사실 돈을 빌린다는 행위 자체에 큰 용기가 필요했을 것이다. 아버지로서는 부끄러움을 무릅쓰고 나를 위해 그 용기를 내셨을 것이다. 아버지 자신을 위해서가 아닌 자식인 나를 위해서 말이다.

내가 돈을 조금 벌게 되었을 때 나는 부모님께 자동차를 선물했다. 운전기사를 붙여서 말이다. 그 오랜 세월 나를 돌봐 주신 감사함에 대한 보답이었다. 하지만 얼마 지나지 않아 모든 은혜를 갚기도 전인 **2003**년 어느 날, 아버지는 심장 발작으로 세상을 떠나셨다. 더 호강시켜 드리지 못한 마음, 지켜 드리고 싶던 안타까운 마음이 지금도 사무치곤 한다. 이제는 그 몫까지 매달 어머니께 보내 드리고 있다.

부모님뿐 아니라 인도에 있는 누나 그리고 사랑하는 아내와 아들을 위해, 무엇보다 나를 응원해 주는 많은 이를 위해 난 오늘도 목표를 세운다. 누군가를 사랑한다는 것, 누군가를 기쁘게 하려는 생각은 상상할 수 없을 만큼의 엄청난 힘을 만든다. 그 힘을 알기에 오늘도 나는 그들을 위해 당당한 부자가 되려고 노력한다.

무엇을 아끼고
어디에 투자할 것인가

앞으로 부자가 될 사람은
당연히 부자가 될 거라고 생각한다

결국 부를 이루지 못할 사람은
부자가 되면 좋겠다고 생각한다

앞으로 부자가 될 사람과 결국 부를 이루지 못할 사람의 네 번째 차이는 '운에 대해 어떻게 생각하는가'이다. 앞으로 부자가 될 사람들은 "나는 운이 좋다"고 말한 반면 결국 부를 이루지 못할 사람들은 "나는 운이 없다"고 서슴없이 말했다. 과연 운이 좋은 사람은 정말로 운이 좋고, 운이 없는 사람은 정말로 운이 없을까? 나는 그렇지 않다고 생각한다. "나는 운이 좋다"고 말한 사람은 그저 나는 운이 좋다고 믿었을 뿐이다. 반대로 "나는 운이 없다"고 말하는 사람은 절대 불운한 편이 아닌데도 나는 운이 없다고 믿었을 뿐이다. 결국 의식의 차이다. 그들은 스스로 운을 끌어당기거나 밀어냈다.

믿기 어렵겠지만 운을 내 편으로 만들 수 있다. 그 과정이 호락호락하지 않을 뿐이다. 방법은 너무나 간단하고 쉽다. 운이 좋다고 생각하는 것이다.

운이 좋다고 생각하는 사람과 운이 좋지 않다고 생각하는 사람이 있다면 과연 운은 누구에게 가고 싶을까? 너무 극단적인가? 그렇다면 운이 좋다고 생각하는 사람과 특별히 운을 믿지 않는 사람 중에서는 어떤가? 운이 좋다고 생각하며 돈을 늘리는 사람과 운이 없다고 또는 운을 믿지 않는 상태에서 돈을 늘리는 사람 중 어느 쪽의 돈이 늘어날까? 돈은 누구에게 다가갈까?

경험하지 않고서는 알 수 없을 것처럼 보인다. 하지만 운이 좋다는 믿음은 분명한 결과로 나타난다. 운이 좋다고 믿는 사람들은 모든 현상과 사물을 좋은 방향으로 해석한다. 그들은 어떤 일이 일어나든 긍정적으로 생각한다. 이 미세한 의식의 차이가 운을 내 편으로 끌어들일 수 있을지를 결정한다.

의식의 차이는 우리 일상 모든 일에 조용히 영향을 미친다. 내가 일본에서 생활하면서 마음에 걸리는 것 중 하나가 일본인들의 의식이다. 일본인들은 일에 대한 만족도가 지극히 낮은 편이다. 자기 일에 만족하는 사람이 별로 없다. 심지어 유급 휴가도 눈치를 보며 써야 하고 생산성도 낮은 편이다. 요컨대 만족하지 않는 일을 쉬지도 못하고 하고 있다. 아무리 봐도 행복한 구조라할 수 없다.

그러나 앞으로 부자가 될 사람은 이런 발상을 하지 않았다. 그들은 항상 일에 만족해 했다. 누구나 부러워하는 일을 하기 때문이 아니었다. 그저 의식이 달랐을 뿐이다.

> **앞으로 부자가 될 사람은**
> **맡은 일을 좋아하려고 한다.**
> 결국 부를 이루지 못할 사람은
> 좋아하는 일을 하려고 한다.

모든 이가 좋아하는 일을 하고 싶어 한다. 하지만 그건 결코 쉬운 일이 아니다. 물론 그게 가능하다면 최고지만 그러려면 운도 따라야 하고 남보다 더 노력하거나 끝까지 포기하지 않아야 한다. 쉽지 않다는 말이다. 원하는 일을 생업으로 삼기 쉽지 않을 뿐만 아니라 그렇게 되기를 기다리다 진이 빠지기 십상이다.

그러니 우리 이쯤에서 타협해 보자. 우선 맡은 일을 좋아하는 것을 추천한다. 그러면 일이 재미있어진다. 충실한 하루를 보낼 수 있게 된다. 즐겁게 일하는 사람과 마지못해 일하는 사람 중 상사는 누구에게 기회를 주고 싶을까? 거래처는 어떻게 생각할까?

나는 세계 각국에서 성공한 대부호를 수없이 만나 왔다. 그들 중 일을 즐기지 않는 사람은 한 명도 없었다. 부자는 일하지 않을 거라고 착각하는 사람이 있는데 절대 그렇지 않다. 오히려 그들은 정열적으로 일한다. 그들에게 일은 즐거운 것이다. 꼭 운동경기와 같아서 은퇴하고 유유자적해도 될 만큼 돈이 있어도 일하는 것을 멈추지 않는다. 내가 만난 부자 중 일을 고통스러운 것으로 인식하는 사람은 없었다. 오히려 그들은 돈을 벌기 위해 일하는 게 아니라는 느낌을 풍겼다. 그들의 성공 비결 역시 일을 즐기는 데 있었다.

앞으로 부자가 될 사람은
즐겁기 위해 일한다.
결국 부를 이루지 못할 사람은
돈을 위해 일한다.

일을 마치면 돈이 들어온다. 들어온 돈을 차곡차곡 모으면 부자가 될 수 있다. 지극히 단순한 이 생각에 이의를 제기할 사람이 있을까? 일은 당연히 잘 풀려야 좋다. 그러므로 자신이 하는 일을 좋아하는 편이 훨씬 낫다.

부자는 분명 여러 방면에서 노력한다. 열심히 노력하기에 그들은 다음과 같이 생각한다.

**앞으로 부자가 될 사람은
당연히 부자가 될 수 있다고 생각한다.**
결국 부를 이루지 못할 사람은
부자가 되고 싶다고 생각한다.

그 차이가 확실하게 드러나는 곳이 바로 편의점이다. 인생이 대박나기를 바라며 로또를 사려고 편의점 앞에 길게 줄을 선 사람들의 사진과 영상이 매년 연말 뉴스에 나온다. 하지만 앞으로 부자가 될 사람은 로또를 사지 않는다. 부자가 되기 위한 노력과는 정반대 행위라고 생각하기 때문이다. 로또는 투자 효율이 극히 낮은 즉 당첨 확률이 낮은 투자다. 투자 업계에 종사하는 사람에게는 상식이다. 사실 투자보다는 단순한 투기, 도박이라고 할 수 있다. 그만큼 당첨되기 어렵다. 설령 당첨되었다 해도 행운의 여신이 언제까지고 곁에 있을 거라는 보장이 없다. 돈을 가질 준비가 되지 않은 상태에서 돈이 들어오는 건 지극히 위험한 일이다.

돈은 천천히 늘어나야 좋다. 서서히 부자가 되어야 좋다. 그러려면 먼저 자기 일을 좋아해야 한다. 거기서 얻은 열매가 쌓여 부를 이룰 때 좋은 것이다. 그러니 노력해야 한다. 일을 좋아하고 즐길 수 있는 마음으로 전환해야 한다. 무엇보다 자신은 운이 좋다고 믿어야 한다. 그런 의식이 운을 내 편으로 만든다.

무엇을 아끼고
어디에 투자할 것인가

결국 부를 이루지 못할 사람은
처음부터 1시간을 하려고 한다

앞으로 부자가 될 사람과 결국 부를 이루지 못할 사람의 다섯 번째 차이는 '행동이 빠른가'이다. 앞으로 부자가 될 사람은 뭐든 즉시 하려고 한다. 반면 결국 부를 이루지 못할 사람은 엉덩이가 무겁다. 핑계를 대며 움직이지 않는다.

나는 강의할 때마다 가장 먼저 증권사 계좌부터 개설하라고 권한다. 이때 그 자리에 있는 사람들은 정확히 두 부류로 갈린다. 앞으로 부자가 될 사람은 집에 가자마자 계좌를 신청한다.

그보다 한층 더 앞으로 부자가 될 사람은 강의 도중 스마트폰으로 계좌를 개설한다. 기왕 할 거 빨리 하자는 마음이다. 반면 결국 부를 이루지 못할 사람은 의심부터 한다. 증권 계좌를 개설하는데 혹시 별도의 비용이 드는 건 아닌가? 그러다 금융 상품까지 권유받으면 어떡하지? 인터넷으로 신청하면 위험하지 않을까? 등 계좌를 트지 말아야 할 이유를 하나둘 떠올린다. 그리고 행동하지 않는다. 증권 계좌를 만드는 일에만 그렇지는 않을 것이다. 그들은 기회가 될 수 있는 일이 생길 때마다 당장의 일이나 걸림돌을 떠올리며 아까운 기회를 놓쳐 버린다.

나는 그 마음을 이해한다. 나 역시 인도에서 일본으로 건너왔을 때 핑곗거리를 찾느라 바빴다. 20대의 나는 만사를 다른 무엇이나 다른 사람 탓으로 돌렸다.

'환경이 별로야.'

'좋은 회사가 아닌 듯해.'

'상사랑 너무 안 맞아.'

그랬기에 핑곗거리 인생을 사는 사람의 심리를 잘 안다. 문제는 핑계에서 쉽게 벗어나지 못했다는 데 있다. 벗어나고 싶어도 좀처럼 되지 않았다. 지금 생각해 보니 그때는 언제나 도망칠 길을 마련해 뒀던 것 같다. 그러니 내가 나를 직시하지 못했다. 돈에 비굴한 채로 살았던 나는 '일본은 파멸할 것'이라든가 '대폭락이 일어날 것'이라는 부정적인 내용의 책을 즐겨 읽었다. 그러고 나서 생각했다.

'큰 손해를 보면 어쩌지?'

'그나마 있던 돈마저 줄면 어쩌지?'

'만일 실패하면 어쩌지?'

나는 이런 생각에 묶여 아무것도 하지 않았다. 나쁜 상황이 생길지도 모르니 하지 않는 게 낫겠다는 판단을 하고 지냈다. 부정적인 정보를 먼저 머릿속에 집어넣고 그것을 핑곗거리로 삼았다.

앞으로 부자가 될 사람은 그러지 않는다. 부정적인 일이 벌어질 가능성도 있겠지만 긍정적인 가능성에 초점을 맞춘다. 일이 잘되면 어떻게 될지 머리를 굴린다. 당연히 도전도 빠르다. 그들은 어떻게 그리할 수 있었을까?

나는 돈 앞에서 평생 약자로 살게 될 대부분의 사람에게서 중요한 공통의 특징을 발견했다. 그들은 정말 성실했다. 예전의 내가 그랬던 것처럼.

아이러니하게도 성실하면 함정에 빠진다. 예를 들어 어떤 일을 매일 해야 한다고 가정하자. 그러면 이런 일이 벌어진다.

**앞으로 부자가 될 사람은
일단 10분부터 시작한다.**
결국 부를 이루지 못할 사람은
처음부터 1시간을 하려고 한다.

조깅이든 자기 전에 하는 스트레칭이든 처음부터 1시간을 꽉 채우기란 여간 어려운 일이 아니다. 며칠만 해도 힘들어 죽을 것 같은 상황에 도달한다. 당연히 꾸준히 할 수 없다. 그럼에도 성실한 사람들은 열심히 하려고 노력하며 온갖 정보를 끌어모은다. 그중에는 당연히 부정적인 내용도 있다. 그런 뒤 실행에 옮기려고 하니 머리가 터질 것 같은 증상을 느끼는 것이다.

'바빠서 못하지 않을까?'

'야근이 있어서 못하지 않을까?'

'내가 그런 일을 할 수 있을까?'

스스로를 향한 의심은 이때 이렇게 생긴다.

결론부터 말하면 완벽하지 않은 시작이 더 좋다. 시작은 작게 하는 것이 중요하다. 앞으로 부자가 될 사람은 모두 그렇게 한다.

앞으로 부자가 될 사람은
작은 한 걸음부터 시작한다.
결국 부를 이루지 못할 사람은
처음부터 큰 보폭으로 나아가려 한다.

일단은 작은 한 걸음이면 족하다. 이후에 신속하게 그리고 지속적으로 행동하는 것이다. 당장은 100퍼센트 성공하지 않아도 된다. 그렇게 생각하며 조금만 내딛는 것이다. 그것이 인생을 바꾼다.

성실한 사람의 함정은 여기서 그치지 않는다. 만약 성실한 사람이 투자를 시작하면 어떤 일이 벌어질까? 결론부터 말하면 놀라운 일이 생긴다. 지금껏 저축만 했던 사람이 어느 날 갑자기 전문 투자가가 되려는 것이다.

이들은 전문적으로 해야 한다는 강박감에 항상 수익률을 크게 잡는다. 어떤 사람은 4, 50퍼센트를 목표로 잡기도 한다. 하지만 그가 이 목표치를 달성하려면 위험도 높은 투자 상품에 손을 대는 수밖에 없다. 시중은행의 경우 적금 상품의 금리는 고작 1.5퍼센트, 우대금리를 받아도 연 2퍼센트다. 4퍼센트의 이익만 나도 그 투자는 성공한 셈이다. 이익이 두 배가 되었으니 말이다.

10퍼센트의 이익이 났다면 대성공이다. 다섯 배의 이익이라니! 그런데도 사람들은 40퍼센트를 노린다. 그보다 적은 이익이 나면 만족하지 못한다. 얼마 전까지만 해도 2퍼센트로 돈을 운용하는 데 만족했으면서 말이다!

고수익을 올릴 수 있는 투자 상품은 당연히 위험도도 높다. 손실이 날 가능성이 크다는 말이다. 성실한, 전문 투자가가 되어버린 사람들은 이 점에 눈을 돌리지 않는다. 수익은 원하지만 손실은 보고 싶지 않다는 심리가 작용하기 때문에 보고 싶은 것만 본다. 그들은 모든 일이 완벽하게 잘 풀려야 한다고 생각한다. 그들은 시작했으면 과감하게 일을 벌이거나 아예 시작도 하지 않거나 둘 중 하나로 기울어진다. 아이러니하게도 이것 역시 성실함 때문이다. 성실함이 그렇게 만드는 것이다.

한 번의 승부로 억만장자를 노리는 건 투자가 아닌 투기다. 앞서 이야기한 로또와 같다. 부자가 되는 과정을 중요하게 여겨야 한다. 그 과정을 즐겨라!

부자가 되기까지는 많은 시간이 걸린다. 그렇기에 빨리 시작해야 한다. 신속하게 행동하는 것이 관건이다. 빨리 움직이면 시간을 내 편으로 만들어 부자가 되는 데 필요한 시간을 더 얻을 수 있다. 앞날의 가능성을 믿고 신속하게 행동한 사람이 기회도 빨리 얻는다. 그들은 이것저것 생각하며 머뭇거리다 기회를 놓치는 사람을 제치고 거침없이 앞으로 나아간다. 내가 핑계 대마왕이었기에 잘 안다. 금방 핑계를 대는 사람의 마음도 이해 못하는 건 아니다. 따라서 한편으로는 핑곗거리는 꿀꺽 삼키고 행동하는 일이 얼마나 가치 있는지 생각해 볼 필요가 있다.

66

From. Jim Rogers

실패하는 것은
전혀 나쁜 일이 아닙니다.
그 실패에서 무언가를 배우면
오히려 잘될 수 있으니까요.

99

2장

사람들은 변하길 원한다.
물론 더 좋은 방향으로 말이다.
그래서 적지 않은 사람이
자신을 바꾸기 위해 어떤 방법을 적용한다.

그 어떤 방법이란 습관을 바꾸는 것이다.
생활 패턴을 바꿈으로써 자신을 바꾼다.

성공한 사람과 부자
돈을 많이 벌게 될 사람에게는 공통점이 있다.
돈을 관리하지 못하는 사람은
아무리 시간이 지나도
돈이 없는 상태에서 벗어나지 못한다.

반면 돈을 많이 갖게 될 사람은
돈을 제대로 관리한다.

그 지출은
정말로 지출할 만한 가치가 있는가?
이때 꼭 돈을 써야 할까?

앞으로 부자가 될 사람은
저축이나 투자 금액을 먼저 정한다

결국 부를 이루지 못할 사람은
쓰고 남은 돈으로 저축이나 투자를 한다

사람들은 변하길 원한다. 물론 더 좋은 방향으로 말이다. 그러나 인간은 그리 쉽게 변하지 않는다. 일단 생각이 잘 안 바뀐다. 그래서 적지 않은 사람이 자신을 바꾸기 위해 어떤 방법을 적용한다. 그 어떤 방법이란 습관을 바꾸는 것이다. 일상적으로 하는 일을 조금씩 바꿔 감으로써 전체 생활 패턴을 바꾼다. 생활 패턴을 바꿈으로써 자신을 바꾼다.

성공한 사람과 부자, 돈을 많이 벌게 될 사람에게는 공통점이

무엇을 아끼고
어디에 투자할 것인가

있다. 바로 자신을 관리할 수 있다는 것이다. 그들의 행동 방식, 사고방식에는 관리라는 개념이 포함되어 있다. 그들은 자신이 엉뚱한 방향으로 가지 않도록 관리한다.

투자 아카데미에서 사람들을 만나며 느낀 점이 있다. 결국 부를 이루지 못할 사람은 한마디로 관리가 되어 있지 않았다. 그 대표적인 판단 기준은 건강관리다. 인간은 몸이 자본이다. 건강을 해치면 아무것도 할 수 없다. 그 점을 잘 알기 때문에 성공한 사람이나 돈이 많은 사람은 자기 관리를 한다.

그들은 건강에 유의한다. 건강관리를 하려면 식사에 신경을 써야 한다. 내가 먹는 음식의 열량이 어느 정도인지 의식하고 야밤에 탄수화물은 섭취하지 않는다. 돈이 많으니 언제 어디서나 무엇이든 먹을 수 있을 테지만 그들은 그러지 않는다. 탄수화물은 당질이 많아서 과식하면 살이 찐다는 사실을 알기 때문이다. 운동은 물론이다. 짐 로저스의 경우 매일 자택에 있는 피트니스장에서 운동을 한다.

나도 그렇다. 건강관리에 무척 많은 신경을 쓴다. 건강은 자기 자본의 기본 중 기본이다. 그래서 나는 체중계에 올라가는 것으로 하루를 시작한다. 나에게 체중은 건강의 척도이자 자기 관리의 상징이다. 체중이 증가하면 식사 재료를 바꾼다. 주위의 유혹이 있어도 절대 과식하지 않는 것은 매일 건강관리를 하기 때문이다.

어려울 것 같지만 하나도 어렵지 않다. 규칙을 정하고 그 규칙을 습관화한다면 말이다. "관리라느니 매니지먼트라느니 귀찮고 힘들어서 어떻게 하겠어?"라고 생각할 수도 있지만 오히려 그 반대다. 좋은 습관을 규칙으로 정하면 그다음에는 지키기만 하면 된다. 할 일이 정해져 있지 않아서 어떻게 할지 그때그때 생각해야 하는 것이 훨씬 더 귀찮고 힘들다. 그러다가 나쁜 습관이 생기는 건 말할 것도 없다.

> **앞으로 부자가 될 사람은**
> **좋은 자기관리 습관을 갖고 있다.**
> 결국 부를 이루지 못할 사람은
> 나쁜 습관을 갖고 있다.

앞으로 부자가 될 사람들은 목표 설정을 중요하게 여기는 만큼 자기관리와 습관도 무척 중시한다. 좋은 습관이 자신을 좋은 방향으로 이끌어 준다는 것을 알기 때문이다. 좋은 습관은 시간을 효율적으로 사용하게 해 주고 무엇을 해야 할지 생각하지 않게 함으로써 시간 낭비를 없애 준다.

나는 아침에 일어나면 체중계에 올라가는 것 외에도 여러 할 일이 정해져 있다. 나는 그저 순서대로 그 할 일들을 하면 된다. 체중을 잰 다음에는 수면 중에 입안에 잡균이 늘어났을 테니 입을 헹군다. 그다음 물을 한 잔 마시고 이후 정해진 일을 한다. 이런 식으로 하루를 시작하는 것이다. 나뿐만 아니라 앞으로 부자가 될 사람, 현재 당당한 세상의 대부호들이 하는 가장 효율적인 시간 사용법이다.

평생 돈에 강자가 될 수 없는 사람들은 툭하면 이렇게 말한다. "바빠서 시간이 없어."

투자 아카데미에서도 종종 필요한 준비를 하지 못했거나 지각하는 사람을 보게 된다. 그들은 당연하다는 듯 바빠서 못했거나 늦었다고 말한다. 하지만 내가 보기엔 그렇지 않다. 준비하지 않은 것뿐이다. 컨설팅을 받을 자세가 되어 있지 않은 것이다. 결국은 자기 손해다. 그래서는 얻을 수 있었던 돈을 불리는 방법을 얻지 못할 가능성이 크다. 참으로 안타까운 일이다.

돈에 강자가 될 만큼 많은 부를 가진 사람은 사전 준비를 한다. 그것도 여유를 갖고 한다. 먼 지방에 사는 사람은 늦지 않도록 아예 하루 전에 온다. 어떻게 이렇게 할 수 있을까? 그것이 자기 관리다. 부자들은 평소 시간 관리를 습관처럼 붙이고 다닌다. 그들은 어떤 일에 어느 정도 시간을 들여야 하는지 금세 파악할 수 있다. 어떻게 하면 시간을 낼 수 있는지도 알고 있다. 그들은 여러 일을 효율화하거나 생략해서 시간을 만든다. 예를 들어 나는 식사는 해도 2차는 가지 않는다를 규칙으로 정하고 남는 시간을 활용한다. 이게 전부다.

시간은 누구에게나 공평하게 주어진다. 문제는 사용 방식에 있다. 아침밥을 먹는 시간도 있고 화장실에 가는 시간도 있다. 출퇴근 시간도 있고 목욕 시간도 있다. 그 시간들을 아주 조금씩 아끼면 2, 30분 정도는 충분히 마련할 수 있다. 일이 잘 풀리는 사람은 그렇게 하고 있다.

영업해 본 사람으로서 영업 실적을 내는 사람과 그렇지 않은 사람은 낭비 요인을 줄이는 데서 큰 차이를 보였다. 나는 사람들에게 윌 스미스가 출연한 〈행복을 찾아서〉라는 영화를 꼭 보라고 권한다. 홈리스였던 주인공이 세일즈맨이 되기 위해 극한까지 낭비 요인을 줄여 나가는 장면이 나오기 때문이다. 주인공은 꼭 사용해야 하는 시간과 사용하지 않아도 되는 시간을 철저하게 구분해서 관리한다. 심지어 꼭 사용해야 하는 시간도 좀 더 효율화한다. 자신을 그리고 시간을 빈틈없이 관리한다면 시간을 추가로 만들어 낼 수 있다는 것을 보여 주는 좋은 예다.

이 방법은 돈 관리에도 그대로 적용된다. 앞으로 부자가 될 사람과 결국 부를 이루지 못할 사람은 돈을 관리하는 방법에서 차이를 보인다.

참고로 나는 해야 할 일을 스마트폰의 일정표에 전부 적어 놓는다. 하루의 일정란 중 아침 시간 부분에 **To do** 리스트를 적는다. 그러면 깜박할 일이 없다. 또한 필요한 스마트폰 앱을 빨리 찾을 수 있도록 폴더에 정리해 놓는다. 그러면 그 앱이 어디에 있는지 찾는 데 오랜 시간을 허비하지 않아도 된다. 이런 자투리 시간이 쌓이고 쌓여서 아주 큰 차이를 낳는다. 그래서 제대로 정리한다. 스마트폰 화면을 정리하는 것도 실은 돈을 모으는 행위인 것이다.

앞으로 부자가 될 사람은
저축이나 투자 금액을 먼저 정한다.
결국 부를 이루지 못할 사람은
쓰고 남은 돈으로 저축이나 투자를 한다.

돈을 관리하지 못하는 사람은 아무리 시간이 지나도 돈이 없는 상태에서 벗어나지를 못한다. 반면 돈을 많이 갖게 될 사람은 돈을 제대로 관리한다. 그들은 저축 또는 투자할 금액을 먼저 정한다.

무엇을 아끼고
어디에 투자할 것인가

앞으로 부자가 될 사람은
쓸데없는 지출을 지속적으로 줄인다

결국 부를 이루지 못할 사람은
쓸데없는 지출조차 파악하지 않는다

돈에 강자가 될 만큼의 부를 가질 사람과 결국 부를 이루지
못할 사람의 일곱 번째 차이는 '계획이나 예산을 세우는가'이다.

회사를 경영하는 입장이라면 계획이나 예산을 세워 봤을 것
이다. 얼마나 판매해야 할지, 얼마를 이익으로 내야 할지, 그에
따른 비용은 어느 정도일지, 얼마를 사용해도 될지 등을 계획하
고 그에 맞게 움직인다. 왜 그렇게 할까? 그렇게 할 때 잘될 확률
이 더 높아지기 때문이다. 목표를 명확하게 설정하고 달성됐을

때 이익이 생길 수 있기 때문이다. 회사에서 일하는 사람이라면 업무 내용과 상관없이 모두 아는 사실이다. 그렇기에 회계와 관련 없는 업무를 해도 계획과 예산을 의식하며 일할 수밖에 없다. 매출과 이익을 추구하며 조직의 규모를 확대했으나 그에 따른 비용이 더 크면 회사는 망한다. 계획과 그에 따른 예산이 정해져 있어야 회사 경영이 가능하다.

우리는 이 극명한 사실을 회사에서 벗어나는 순간 까마득히 잊고 만다. 이를 반영할 필요가 있을까 의구심을 가지며 내 삶을 내 방식대로 추구하는지도 모른다. 그러나 돈을 벌고 싶은 사람이라면, 앞으로 부자가 되고 싶은 사람이라면 반드시 계획을 세우고 그 계획에 주어진 예산 내에서 행동해야 한다. 그렇다. 예산은 회사를 경영할 때만 세우는 게 아니다. 개인도 마찬가지다. 생각하기에 따라 개인도 하나의 기업이다.

계획이나 예산을 세우기 전에 해야 할 일이 있다. 나의 현재 상태를 명확히 파악하는 것이다. 나는 투자 아카데미에서 종종 이런 질문을 한다.

"여러분은 지금 본인 지갑에 얼마가 있는지 알고 있습니까?"

그중에는 지갑은 물론이고 은행 계좌 잔액이 얼마인지 모르는 사람도 있었다. 계좌 잔액도 모르는 사람은 본인의 현 상태를 파악하지 못하는 사람일 가능성이 크다. 그런 상황에서 대체 어떻게 물건을 산단 말인가? 계획도 예산도 없는 사람이라고 핀잔을 들어도 할 말이 없을 것이다.

"월급이 적어서 저축할 돈이 부족해요"라고 말하는 사람들이 있다. 그들은 백발백중 자기 지갑에 얼마가 있는지 모를 것이다. 실제 나는 월급이 적어서 저축할 돈이 부족하다는 사람들에게 지갑에 얼마가 있는지 종종 물어 왔다. 여지없이 잘 모른다는 답변이 돌아왔다. 그런 사람을 만나면 나는 이렇게 되묻는다.

"자기 지갑에 얼마가 들어 있는지도 모르면서 돈이 없다는 것은 어떻게 아세요?"

그들 대부분은 매달 무엇에 얼마를 썼는지 알지 못했다. 월말에 돈이 없는 상태가 되는 건 어찌 보면 당연했다.

당신은 매달, 무엇에 얼마를 쓰고 있는가? 지금껏 하지 않았다면 이번 달만이라도 낱낱이 적어 보자. 반드시 쓸데없는 지출이 눈에 들어올 것이다. 앞으로 부자가 될 사람은 그것을 깨닫고 그 지출을 저축으로 돌린다.

**앞으로 부자가 될 사람은
쓸데없는 지출을 줄인다.
결국 부를 이루지 못할 사람은
쓸데없는 지출을 파악하지 못한다.**

돈이 없는데 돈을 늘리고 싶은가? 방법은 두 가지다. 들어오는 돈을 늘리거나 나가는 돈을 줄이거나. 들어오는 돈을 늘리는 방법으로는 부업이나 아르바이트가 있을 것이다. 하지만 이는 몇몇에게만 해당되는 조언이다. 결국 나가는 돈을 줄일 수밖에 없다.

내가 이렇게 말하면 어떤 사람은 이렇게 항변한다.

"전 쓸데없는 지출은 안 합니다. 이게 한계예요."

그러면 나는 다시 이렇게 묻는다.

"커피 전문점에서 일주일에 몇 번 커피를 마십니까?"

이 질문에 묵묵부답인 경우가 의외로 많다. 커피 전문점에서 커피 한 잔 가격이 무려 **5,000~6,000**원이다. '커피 정도야'라고 생각하겠지만 일주일에 **3**만 원이면 한 달에 **12**만 원이다. 이것은 생각보다 큰 액수다.

무조건 절약해서 자린고비처럼 살라는 말이 아니다. 그저 그

냥, 아무 생각 없이, 그리 기쁘지도 않은 일에 쓰이는 돈이 의외로 많을 수 있다는 것을 지적할 뿐이다. 그 지출은 정말 필요했을까? 돈을 써야 하는 이유에 대해 수긍할 수 있는가? 잘 생각해보자. 이것이 지출을 낱낱이 적는 이유이기도 하다. 나도 모르게 무심코 쓰는 돈은 없는지, 혹시 돈을 쓰지 않아도 되는 상황은 아니었는지를 확인하는 것이다.

앞으로 부자가 될 사람은
의식적으로 돈을 쓴다.
결국 부를 이루지 못할 사람은
무의식적으로 돈을 쓴다.

바꿔 말하면 비용 대비 효과를 고려하는 것이다. 쓸데없는 지출을 찾아내는 두 가지 질문의 팁은 이렇다.

"그 지출은 정말로 지출할 만한 가치가 있는가?"

"이때 꼭 돈을 써야 할까?"

이 두 가지 질문을 자신에게 던지고 되돌아보면 의외로 쓸데없는 지출이 많다는 것을 알아차릴 수 있을 것이다. 나에게 커피는 여기에 포함된다.

현재 상태를 파악할 수 있는 사람은 명확한 계획이 있는 사람이다. 계획이 명확하면 그 계획을 실행하고 싶어진다.

한 예로 자신에게 1억 원을 모으겠다는 목표가 있다고 하자. 만약 기간을 정하지 않고 막연히 돈을 모은다면 이 목표를 달성하기까지 오랜 시간이 걸릴 것이다. 그래서 10년 안에 1억 원을 모으기로 결심하고 역산해서 계획을 세웠더니 나온 금액이 1000만 원이다. 1년에 1000만 원을 모으면 되는 것이다. 보너스가 연간 360만 원 주어진다는 전제 아래 월 50만 원을 비축하면 960만 원이 된다. 이렇게 10년을 모으면 9600만 원이다. 나머지 400만 원은 자금 운용으로 마련하면 된다.

이제는 50만 원을 역산할 차례다. 이를 위해서 매달 수지를 생각해야만 한다. 매달 월급 액수를 쳐다보며 하루에 얼마, 일주일에 얼마를 자유롭게 쓸 수 있는지 계산하면 회사를 경영하는 사람의 마인드로 스스로에 대한 논리적인 계획과 예산을 세울 수 있다. 물론 더 장기적이고 큰 목표를 만들 수도 있다.

"5억 원을 모으려면 어떻게 해야 해요?"

투자 아카데미에서 누군가 이렇게 물은 적이 있다. 나는 그에게 지출을 줄일 뿐만 아니라 수입이 들어오는 경로를 추가해야 한다고 말했다. 추가 수입 경로로는 앞서 말한 부업이나 결혼이라는 선택지가 있다. 어째서 결혼이냐고? 결혼을 하면 수입이 단번에 두 배가 된다. 그러면 훨씬 다양한 계획을 세울 수 있다. 회사원이라는 신용을 이용해 저금리 대출을 받아 부동산 투자를 할 수도 있다. 만약 한다면 임대 수입이라는 새로운 경로가 추가된다. 실제로 많은 사람이 이런 식으로 돈을 불린다.

앞서 굳이 지갑 속을 언급한 이유가 있다. 무척 위험한 물건이 이 지갑 안에 있기 때문이다. 바로 신용카드다. 신용카드의 장점은 편리함이다. 하지만 이 장점은 고스란히 단점이 될 수도 있다.

우선 내가 얼마나 썼는지 파악하기가 어렵다. 지갑 속의 현금은 나가면 돈이 줄어든다는 것을 피부로 느낀다. 조금밖에 없으니 사지 말아야겠다는 판단이 바로 서면서 지갑을 닫게 한다. 그런데 신용카드는 지갑 속에 돈이 들어 있지 않아도 무엇이든 살 수 있게 한다. 물건을 구매하면서 돈을 썼다는 사실을 망각한다. 결국 내가 지급해야 할 돈이라는 사실을, 원래는 지갑에서 빠져나갔을 돈이라는 사실을 말이다. 말하자면 단기 차입금이다.

대부분의 부자들 혹은 돈을 모으는 사람들은 가능한 한 신용카드를 사용하지 않는다. 신용카드로 쓸데없는 물건을 구매할 위험이 있기 때문이다. 현금으로는 사지 않을 것도 신용카드로 긁어 버릴 수 있다. 누구나 그런 적이 있을 것이다. 이것만큼은 절제가 쉽지 않다. 부자들도 이 사실을 잘 알고 있기에 그들 중 상당수는 신용카드를 사용하지 않을 뿐만 아니라 지갑 속에 현금도 적게 가지고 다닌다. 필요하면 부인이나 가족에게 돈을 빌려서 낸다. 그러니 낭비를 하려야 할 수가 없다. 누군가는 짠돌이라며 비난하겠지만 그들은 그저 낭비를 하지 않도록 주의하는 것뿐이다. 일부러 지갑 속에 돈을 넣지 않을 방법을 연구하면서 말이다.

나는 현금을 찾을 때 원래 금액보다 조금 모자라게 인출한다. 예를 들어 50만 원을 생각하고 43만 원을, 30만 원을 생각하고 20만 7,000원을 인출하는 것이다. 신기하게도 이렇게 인출하고 나면 43만 원을 인출했는데 50만 원을 인출한 기분이 든다. 그러나 지갑에는 43만 원밖에 없다. 그래서 43만 원밖에 쓰지 못하고 심지어 그 금액을 다 쓰려 하지도 않는다. 결과적으로 지갑에 있었다면 써 버렸을 7만 원이 계좌에 남게 된다.

1년 단위로 생각하면 꽤 쏠쏠한 금액이다. 돈을 남기는 것도 좋은 방법 같지 않은가? 여러분도 꼭 해 보기를 바란다.

무엇을 아끼고
어디에 투자할 것인가

앞으로 부자가 될 사람은
자신을 위해 돈을 사용한다

결국 부를 이루지 못할 사람은
과시하기 위해 돈을 사용한다

돈이 없다고 타령하는 상태에서 빚이나 저축을 하는 데 성공한 사람은 많은 경우 쓸데없는 지출을 없앤 데 이유가 있다. 하지만 무엇이 쓸데없는 지출인지 도통 모르겠다는 사람도 있다. 그렇다면 무엇이 필요한 지출이고 무엇이 쓸데없는 지출인가? 그리고 어떻게 지출을 줄일 수 있을까?

이 문제에 대해 많은 사람과 이야기를 하며 느낀 점이 있다. 지출을 줄일 수 있었던 사람은 누구를 위해, 무엇을 위해 돈을 쓰는지 명확히 알고 있었다는 것이다.

일본에서 일하면서 도무지 이해되지 않는 부분이 있었다. 고등학생이 몇 십만 원이나 하는 명품 지갑을 갖고 다니고 세후 수입이 200만 원 정도일 젊은 여성이 500만 원, 700만 원대의 명품 백을 들고 다니는 것이었다. 투자 아카데미에서도 이런 사람은 빈번하게 볼 수 있었다. 통장 잔액은 100만 원인데 신용카드를 긁어서 300만 원짜리 브랜드 액세서리를 샀다고 자랑하는 사람도 있었다. 물론 원하는 물건을 샀으니 기분이 좋았을 것이다. 그러나 현명한 구매 행위였는가를 따져 보면 그렇지 않을 것이다.

고가인 브랜드 제품이 정말로 당신에게 가치가 있는가? 그것은 정말 당신 자신을 위해 산 것인가? 혹시 체면을 위해 산 것은 아닌가? 과시하고 싶어서 브랜드 제품을 사는 것은 아닌가? 그게 아니라면 그렇게 비싼 제품을 살 필요가 있었나? 그리고 정말로 가격만큼의 만족감을 가져다주는가? 가성비는 어떤가?

나는 얼마 전에 운동화를 하나 구매해야겠다고 생각하고 신발 브랜드를 둘러봤다. 사람들이 가장 많이 추천하는 운동화가 있었다. 즉 가장 인기 있는 운동화였다. 문제는 가격이었다. 한 켤레에 80만 원이나 했다.

물론 그 운동화를 신으면 유행하는 신발이니 봐줄 사람이 있을 것이다. 비싼 브랜드 운동화를 신었다며 부러워하는 사람도 있을 것이다. 그러나 그뿐이다. 나는 그 신발에 80만 원의 가치가 있다고 느끼지 않았다. 흰 운동화라 금방 때도 탈 것이었다. 나는 종종 아이들과 외출하는데 툭하면 아이들의 신발이 내 신발에 닿곤 한다. 신발은 순식간에 더러워진다.

결국 나는 그 운동화를 사지 않았다. 대신 그리 유명하지 않은 브랜드 운동화를 세 켤레 샀다. 총 20만 원쯤 들었다. 아주 만족스러운 쇼핑이었다.

나라고 브랜드 제품을 사지 않는 건 아니다. 다들 알다시피 브랜드 제품은 품질이 좋고 디자인도 멋지다. 하지만 무리해서 사진 않는다. 싸게 살 수 있을 때까지 기다린다. 대표적인 공간이 아울렛 매장이다. 그곳에 가면 같은 물건을 3, 40퍼센트 저렴하게 살 수 있다. 이월 상품일 테지만 나는 최신 상품에 크게 연연하지 않는 편이다. 아마 대부분이 나와 같을 것이다. 특별히 유행에 민감한 사람이 아니면 그 물건이 어느 시즌 제품인지 알아보지 못한다.

좋은 물건은 싸게 사는 편이 낫다. 브랜드가 아닌 상품과 비슷한 가격으로 살 수 있으니 말이다.

"자신의 수입을 훌쩍 넘는 금액을 지출할 가치가 정말로 있는가?"

"그것을 사거나 갖고 다님으로써 대체 무엇을 얻을 수 있는가?"

이 두 가지 질문을 하면 대부분은 낭비라는 것을 알아차리고 인정한다. 물론 "아뇨, 이건 열심히 일한 제게 주는 보상이에요"라고 말하는 사람도 있다. 나 역시 그 말을 부정하지는 않는다. 자신에 대한 보상은 분명 필요하고 좋은 작용을 한다. 단지 쓸데없는 보상을 하지 말라는 뜻이다. 쓸데없는 보상이란 비용 대비 효과가 나쁜 보상이다. 그것은 분명한 낭비다.

우리는 그 비용을 낼 만큼 효과가 있는지 가려내야 한다. 가려내는 방법은 '과시를 위해서인가, 나를 위해서인가'를 생각하면 된다.

여행을 간다고 해 보자. 남을 위해, 과시하기 위해 여행하는 사람은 없을 것이다. 나는 여행만큼은 그럴 거라 믿는다. 여행은 무조건 자신을 위한 소비에 해당한다. 여행은 새로운 세상을 보여 주면서 시야를 넓혀 준다. 새로운 발견은 물론이고 신선한 자극을 준다. 이것이 우리가 여행을 좋아하는 이유일 것이다. 커다란 매력이 우리를 여행으로 이끈다. 당연히 부자도 여행을 좋아한다. 그들도 새로운 세상, 새로운 인맥을 통해 새로운 발상을 만나고 싶어 한다. 결과적으로 여행은 일도 잘하게 하고 돈을 늘릴 수 있는 방법이 된다. 나라고 다를까? 여행은 자신을 위한 쇼핑이다. 과시용이 아니다.

　나는 명품은 아니지만 좋다고 평가하는 지갑을 산다. 나의 지갑은 지역 활성화를 후원하는 돗토리 지역의 한 회사가 만든 가죽 지갑이다. 가격은 명품에 비할 수 없지만 가치만큼은 그보다 더 뛰어나다. 이 회사를 후원하고 있지만 지갑을 산 이유는 지갑 자체가 마음에 들었기 때문이다. 이런 이유여야 자신을 위한 쇼핑이 될 수 있다. 실제로 흔히 볼 수 없는 디자인이라 이 지갑을 본 많은 이가 "그 지갑, 어디서 사셨나요?" 하고 묻기도 한다. 어쩌다 보니 과시용이 되어 버린 경우다.

　쇼핑을 할 때는 잠시 멈춰 서서 무엇을 위해 사는지 생각해 보자. 그리고 그 가격만큼의 가치가 있는지 가성비를 따져 보자. 그것이 낭비를 찾아내는 지표가 되어 줄 것이다.

　쓸데없는 것을 사게 하는 또 다른 미끼로 포인트 카드가 있다. 나는 포인트 카드를 만들지 않는다. 어느 가게에서든 물건을 사면 "포인트 카드를 갖고 계세요?"라는 말을 듣는 시대이지만 나는 포인트 카드를 갖고 다니지도 만들지도 않는다. 포인트 카드가 있는 이유를 알기 때문이다.

포인트 카드는 왜 있는 것일까? 결국은 소비자로 하여금 더 많은 것을 사게 하려는 기업의 마케팅 정책이다. 갖고 다니지도 만들지도 않지만 정말 영리한 정책이라는 점에서 감탄하곤 한다. 이 포인트 카드는 '포인트가 쌓여서', '포인트가 3배 쌓이는 날이라서', '포인트를 쓸 수 있어서'라는 이유로 쓰고 싶게끔 한다. 만약 포인트 카드가 없었더라면 사지 않았을 물건을 사게도 한다. 즉 쓸데없는 것을 사게 하는 것이다. 한마디로 낭비다. 포인트 카드가 있어서 불필요한 물건을 사 버린 것이다.

포인트는 얼핏 보면 이득인 것 같지만 불필요한 쇼핑을 한다는 점에서는 전혀 이득이 아니다. 대부분이 포인트로 이득 본 것 이상으로 돈을 쓴다. 기업의 입장에서 생각해 보면 이러한 낭비를 소비자가 해 주지 않으면 마케팅 전략은 완전 실패로 돌아가는 것이다. 즉 낭비에 가까운 소비를 소비자가 했을 때 기업이 이익을 보게 되는 구조다. 이 포인트 시스템은 기업의 이익을 위한 것이지, 소비자를 위해 만들어진 게 아니다.

포인트 카드는 나뿐만 아니라 부자나 성공한 사람 상당수가 만들지 않는다. 포인트 카드가 없기 때문에 한편으로는 쓸데없

무엇을 아끼고
어디에 투자할 것인가

는 소비 고민을 하지 않아도 된다. 아주 편하다.

포인트 카드는 없지만 어떤 이유로 생긴 포인트가 자신의 등급과 연동이 되어 골치 아픈 일로 이어지는 경우도 있다. 항공 마일리지를 예로 들어 보자.

나는 해외 출장이 잦아서 일본의 모 항공사의 등급이 높은 편이다. 그런데 갑자기 등급 산정 구조가 바뀌어 버렸다. 작년과 같은 횟수를 이용해도 같은 등급이 아니게 되는 것이다. 알아보니 비즈니스석을 예약한다는 전제 아래 한 번 더 해외를 왕복해야 작년과 같은 등급이 되었다. 그러나 당시 나는 출장을 갈 일이 없었다. 어떻게 했을까? 나는 그 등급을 확보해 얻는 이득과 그러기 위해 드는 비용을 저울질해 봤다. 그러고는 그 등급은 필요 없다는 결론을 내렸다. 항공사 마일리지 등급은 과시용으로만 가치가 있었다.

많은 사람이 나와 같은 상황에 놓였을 때 할 행동을 나는 알고 있다. 그 등급을 유지하기 위해 비즈니스석을 타고 해외에 다녀왔을 것이다. 나는 그 일을 계기로 마일리지에 대한 일말의 집착도 제거했다. 소비자를 이용하고자 하는 목적이 뚜렷하게 보였고 그 부추김이 심히 불쾌했기 때문이다.

포인트 카드를 만들지 않으면 손해라고 생각하는 사람이 있다면 포인트 카드를 만든 탓에 쓸데없는 것을 사서 손해를 본 적은 없었는지 스스로를 돌아보길 바란다. 손익을 분명하게 따져 보고 그래도 만들고 싶은지를 고민해 봐야 한다. 사실 손익을 따져 볼 필요도 없는 문제다. 없는 게 좋다. 전혀 이득이 아니기 때문이다.

무엇을 아끼고
어디에 투자할 것인가

앞으로 부자가 될 사람은
되도록 TV를 보지 않는다

결국 부를 이루지 못할 사람은
몇 시간씩 TV를 본다

일이 잘 풀리지 않았던 시절 나는 내 개인 시간 중 많은 부분을 TV를 보는 데 썼다. 일을 마치고 집에 돌아오자마자 TV를 켰다. 주말에도 주야장천 TV만 봤다. 고단한 현실에서 도망치고 싶었던 나의 수단 중 하나였다.

실제 TV는 가장 쉬운 현실도피 수단이다. 나를 웃겨 주기도 하고 공감대를 형성하면서 위로해 주기도 하고 때로는 감동하게도 한다. 쌍방향이 아닌 일방향임에도 전혀 기분 나쁘지 않은 편안함을 가져다주는 수단인 것이다. 상사에게 혼나거나 화가 난 고객의 비위를 맞춰야 했던 날들에 대한 보상을 **TV** 속 예능 프로그램은 충분히 해 줄 수 있었다. 그렇게 밤늦게까지 나는 **TV**를 틀어놓고 멍하니 있었다.

그런데 세상의 부자들을 만나면서 아이러니하게도 그들은 **TV**를 거의 보지 않는다는 사실을 알게 되었다. 부자 중 하나인 짐 로저스의 집에는 **TV**가 없다. 투자 아카데미를 통해 돈에 강자가 된 사람들도 하나같이 **TV**를 되도록 보지 않는다고 말했다. 이유는 간단했다.

"쓸데없이 시간을 낭비하기 때문이에요."

여러 연구에서 **TV** 시청이 가난과 관련 있다는 사실을 끄집어낸 적이 있다. 유복하지 않은 사람의 습관 중 가장 많은 비중을 차지하는 것이 **TV** 시청이었다. 장시간 멍하니 **TV**를 보는 것은 사람을 무기력하게 만드는 가장 위험한 습관이라고 연구자들은 하나같이 지적했다. 이는 결국 부를 이루지 못할 사람으로 살게 될 가능성이 크다는 말로 연결된다.

왜 **TV**가 문제일까? 시간을 많이 빼앗기기 때문이다. **TV**는 한 번 보면 계속 보게 된다. 리모컨으로 채널을 돌리며 몇 시간

무엇을 아끼고
어디에 투자할 것인가

이고 볼 수 있는 중독성 강한 도구다. 게다가 일방적으로 유입되는 정보만 받아들이면 되니 능동적으로 행동을 할 필요가 없다. 시청하는 입장에서 항상 소극적이고 수동적인 콘텐츠가 TV다. 그래서 시간을 때우고 싶을 때나 기분 나쁜 일을 잊어버리고 싶을 때 TV는 아주 좋은 도구다. 시청자가 아무것도 하지 않아도 TV는 여러 영상을 선호에 맞게 보여 준다. 그렇게 점점 시간을 빼앗기고 해야 할 일을 귀찮은 일로 만든다. 자연스레 현실을 회피하고 '내일 하지 뭐' 하며 미루게 한다.

그렇다. TV를 보며 웃는 동안에 해결되는 일은 없다. '나만 힘든 줄 알았는데 세상 사람들도 힘들구나' 하며 공감한들 아무것도 바뀌지 않는다. 결국 부를 이루지 못할 사람들이 멍하니 TV를 보며 지내는 동안 앞으로 부자가 될 사람들은 여러 일을 한다. 그 시간에 독서를 하거나 가족과 대화를 나눈다. 재테크를 공부하는 사람도 있을 것이다. TV를 보지 않으면 그 시간을 의미 있게 보낼 수 있다. 부자들은 이런 이유로 TV를 보지 않는다.

아무리 해도 TV를 끊지 못하는 사람이 있다. 반면 이 프로만 봐야지 하고 정할 수 있는 사람도 있다. 되고 안 되고의 차이는 무엇일까?

앞으로 부자가 될 사람은
자신이 게으름뱅이임을 알고 있다.
결국 부를 이루지 못할 사람은
자신이 게으름뱅이임을 모른다.

인간은 본래 게으름뱅이다. 그래서 내버려 두면 점점 게을러진다. 그 점을 알면 게을러지지 않기 위해 어떻게 할지를 생각하게 된다. 게으름을 피우면 아무것도 하지 못할 위험이 있다는 사실을 부자들은 잘 알고 있다. 그들은 게으름을 피우지 않기 위해서는 노력과 연구를 해야 한다는 사실도 깨달은 상태다.

나는 **TV**를 아예 끊으라고 할 생각이 없다. 단지 **TV** 보는 데 시간제한을 두라고 권고할 뿐이다. 나도 **TV**를 본다. 정보 프로그램을 주로 보지만 예능 프로그램이라고 배제하진 않는다. 나는 시간과 시청할 프로그램을 정한다. 그리고 끝나면 단호히 **TV**를 끈다.

우리는 **TV**가 가진 무서움을 깨닫고 스스로를 엄격하게 관리해야 한다. 그렇게 하지 않으면 **TV**의 마력에 빨려 들어갈 것이다. 결국 부를 이루지 못할 사람을 상징하는 나쁜 습관에 절로 중독될 테니 말이다.

나는 시간을 정해 두는 편이지만 어떤 정보는 보이는 즉시 TV를 끈다. 부정적이거나 다른 사람의 불행에 관한 뉴스다. 한 예로 연예인이 이러쿵저러쿵하다는 뉴스를 들 수 있다. 말이 뉴스지, 대부분 뒷담화에 가깝다. 누군가를 상처 입히는 이야기를 서슴없이 내뱉는다. 이런 뉴스를 보고 들었을 때 어떤 이점이 있는지 모르겠다.

세상에는 크고 작은 문제가 끊이지 않는다. TV는 사건 사고를 상세하게 반복해서 보도한다. 여기까지는 좋다. 하지만 뉴스는 어떤 큰 사건이 생기면 패널들을 앉혀 한마디씩 보태게 한다. 방송에 나온 패널들은 하나같이 자신이 평론가라도 된 양 객관적인 척 이야기한다. 그들의 이야기가 객관적인 시선에 가까울 수는 있다. 그러나 그게 무슨 의미가 있단 말인가?

나는 사건 사고가 지나치게 자세히 보도되는 것을 좋아하지 않는다. 그 뉴스를 보는 시청자 입장에서 침울해질 뿐이다. 그 뉴스는 내 인생에 도움이 되지 않는다. 그렇기에 가까이하고 싶지 않다. 그런 뉴스들을 보고 있으면 뭔가 좋지 않은 기운이 내 잠재의식을 둘러싸는 기분이 든다. 마음이 점점 부정적인 방향으로 향한다.

내 입장에서 좋은 프로그램은 정보가 담긴 프로그램이다. 나도 출연한 바 있는 〈캄브리아 궁전〉(도쿄TV에서 하는 성공한 기업을 소개하는 비즈니스에 관한 프로그램)이 한 예다. 나는 시청 시간을 정해 놓고 몇 가지 프로그램을 골라 본다.

TV를 예로 들었지만 최근에는 TV보다 더 중독성이 강한 게 있다. 바로 스마트폰이다. 인터넷 서핑이나 SNS에 빠져서 온종일 스마트폰을 손에서 놓지 않는 사람이 적지 않다. 스마트폰도 기본적으로는 TV와 같다. 콘텐츠를 선별하고 시간을 제한한다. 스마트폰이 TV와 다른 점은 콘텐츠가 방대하고 그 방대한 콘텐츠를 활용해 자신이 알고 싶은 정보를 쉽게 찾을 수 있다는 데 있다. TV보다 채널이 많은 탓에 TV보다 더 매력적이고 그래서 더 쉽게 중독에 빠질 수 있다.

나 역시 메신저를 비롯해 업무용으로 스마트폰을 최대한 활용한다. 페이스북에는 글을 올리고 비즈니스 인사이더, 포브스 등에서는 통해 비즈니스 정보를 얻는다. 나는 SNS를 현명하게 활용한다고 생각하는 편이다. 트위터나 페이스북에서 내가 중요하게 생각하는 사람들이 내가 알고 싶은 일에 대해 어떤 발언과 코멘트를 했는지 확인해 판단 자료로 삼을 수도 있다. 유튜브는 '가상화폐란 무엇인가' 등 최신 정보를 검색하거나 테이블 매너

처럼 일상적인 정보를 수집할 때 활용할 수 있다.

TV와 달리 스마트폰은 잘만 사용하면 강력한 무기가 된다. 물론 잘못 사용하면 TV를 시청했을 때의 부작용이 고스란히 더해진다. 스마트폰 세상에는 TV보다 부정적인 뉴스가 비교할 수 없을 정도로 많다. 인생에 도움 되지 않는 정보를 보느라 시간을 허비할 수 있다.

66

From. Jim Rogers

위기를 감지하려면 그것이 기업이든 국가든
갑작스러운 변화가 있는지를 봐야 합니다.

수많은 기업에서 문제가 일어날 수 있습니다.
항상 생각지 못한
국가나 기업에서 일이 터집니다.

눈사태처럼 말이죠.

99

앞으로 부자가 될 사람은
호텔 카페 라운지에 간다

결국 부를 이루지 못할 사람은
저렴한 동네 커피숍에 간다

당신은 돈을 모으고 불려야 한다. 이렇게 해야 할까? 아마 대부분 돈을 최대한 아껴야 한다고 생각할 것이다. 앞서 강조하기도 했으니 더더욱 그럴 것이다.

그러나 반은 맞고 반은 틀리다. 오히려 돈을 많이 벌게 될 사람은 돈을 제대로 쓴다. 한두 푼에 벌벌 떨지 않고 고급스러운 경험을 위해 기꺼이 돈을 쓴다. 여기서 중요한 점은 쓸데없는 곳에 돈을 쓰지 않는 것이다. 돈을 제대로 쓴다는 의미는 가치가 있다고 생각하는 곳에 비싸더라도 돈을 쓴다는 것이다.

나는 투자 아카데미에 참여한 사람들에게서 두 가지 경향을 확인할 수 있었다.

> **앞으로 부자가 될 사람은**
> **호텔 카페 라운지에 간다.**
> 결국 부를 이루지 못할 사람은
> 저렴한 동네 커피숍에 간다.

저렴한 동네 커피숍을 무시하는 것은 아니다. 하지만 생각해보자. 호텔 카페 라운지와 동네 커피숍 중 더 기분 좋게 시간을 보낼 수 있는 곳은 어디일까? 우아한 공간, 정성스러운 서비스, 고급스러운 커피잔, 묵직한 소파 등이 자아내는 분위기 때문에 대부분은 호텔 라운지가 더 편하다고 느낄 것이다. 물론 호텔은 동네 커피숍보다 몇 배는 비싸다. 그래도 앞으로 부자가 될 사람은 호텔 라운지를 선택한다.

부자들은 장거리 비행을 할 때 비즈니스석을 이용한다. 무척쾌적하기 때문이다. 공항에 도착하면 차분한 분위기의 라운지에서 편안히 있을 수 있다. 식사도 마련되어 있으므로 탑승 전에 가볍게 배를 채울 수도 있다. 기내에서는 여유 있는 공간이 제공된다. 좌석 폭이 좁아 앞좌석과의 거리가 충분히 확보되지 않은 이코노미석과는 크게 차이가 있다. 덕분에 편안히 수면을 취할 수 있다. 식사와 와인도 이코노미석과 달리 제공된다.

이따금 좌석을 고민하는 사람들에게 나는 이렇게 질문한다.

"저렴하지만 긴 이동 시간을 지루하고 답답하게 보낼 건가요, 아니면 나름의 비용이 들긴 하지만 쾌적하게 보낼 건가요?"

결국은 가치다. 가치에 따라 돈을 쓰면 된다. 저렴한 게 중요하다면 이코노미석을, 쾌적한 게 중요하다면 비즈니스석을 선택하면 된다. 그 돈을 쓰지 않고 모으는 선택지도 있다. 본인의 가치에 따라 필요하다고 생각할 때 과감히 돈을 쓰면 그 투자는 고스란히 커다란 에너지로 저장된다. 비즈니스석을 선택할 경우 쾌적함을 보장받기 때문에 여행지로 가는 동안 충분한 휴식을 취할 수 있다. 앞으로 부자가 될 사람은 이 점을 잘 알고 있다.

레스토랑이라고 다를까? 물론 합리적인 가격에 큰 가치를 부여하는 사람은 상상도 할 수 없는 장소일 것이다. 하지만 이곳은 한편으로는 훌륭한 식사 경험을 제공해 줄 수 있는 공간이다. 맛은 물론이고 테이블, 의자, 식기 등의 고급 서비스가 바탕이 된

분위기에서 최상의 상태를 맛볼 수 있다. 경험해 본 사람은 안다. 정말 기분이 좋다. 이 경험은 절로 동기부여가 된다.

'더 열심히 일해야지.'

'돈을 더 많이 벌어서 또 먹으러 와야지.'

앞으로 부자가 될 사람은
기쁘게 하는 데 능숙하다.
결국 부를 이루지 못할 사람은
자신을 기쁘게 하는 데 서툴다.

'쾌적해서', '기분이 좋아서'라는 이유로 매일 고급스러운 경험을 한다면 돈이 남아나질 않을 것이다. 그리고 고급 일식집에 나오는 초밥도 매일 먹다 보면 질리는 법이다. 앞으로 부자가 될 사람은 결정적인 순간에 자신에게 상을 준다. 쪼잔한 상이 아니라 큰 상을 확 안긴다. 남에게 과시하기 위해서가 아니라 자신을 위해 돈을 쓴다. 결정적인 순간에 고급스러운 경험을 하면 그 경험을 더욱 인상적으로 만들 수 있다는 것을 그들은 안다.

안타깝게도 결국 부를 이루지 못할 사람은 이 한 번의 경험을 하려 하지 않는다. '돈이 아까워', '돈을 수중에 남겨 둬야 해'라며 고급스러운 경험을 외면한다. 돈이 아까워서 호텔의 카페 라운지가 아닌 저렴한 동네 커피숍을 이용한다. 돈이 아까워서 비즈니스석이 아닌 이코노미석을 이용한다. 돈이 아까워서 고급 레스토랑이 아닌 가성비 좋은 패밀리 레스토랑에 간다. 그들은 고급스러운 보상을 받으면 얼마나 기분이 좋은지 알지 못한다. 고급스러운 삶을 살고 싶다는 동기부여로 이어지지 않는다. 경험을 하지 못하면 쾌적함, 편안함, 뛰어남을 알 수가 없다. 이 사실을 아무리 여러 번 강조해도 돈에 끌려다니며 살게 될 사람들은 자신과 상관없다는 듯 시선을 돌린다. 자신이 경험해 온 세상이 아니기 때문에 보고 싶지 않은 것이다.

바꿔 말하면 호텔의 카페나 비즈니스석이나 고급 레스토랑은 부자가 사는 세상이다. 부자가 되면 당연하다는 듯이 그 세상에 드나들 수 있다. 일상이 되기도 한다. 앞으로 부자가 될 사람은 그것을 잘 알고 있다. 그래서 그것을 직접 맛보려고 한다. 그것을 자신의 일상으로 만들기 위해 그 광경을 상상하기도 한다. 이 상상은 그 세상에 들어가고 싶다는 동기부여가 된다. 반면 결국 부를 이루지 못할 사람은 어떨까? 고급스러운 경험을 시도할 엄두도 내지 못하기 때문에 부자들이 사는 새로운 세상에 융화되기 어렵다. 그 세상은 그들을 불러 주지도 않는다.

사실 부자들은 평소에 검소하게 지낸다. 가끔 그런 경험을 통해 강렬한 인상을 챙긴다. 돈을 쓸 때는 최고의 것을 누리는 것이다. 낭비라고 판단되지 않는 선에서 말이다. 그들은 큰 보상이 자신에게 어떤 기쁨을 주는지 잘 안다.

생각이 현실을 만든다는 말이 있다. 자신이 생각한 일이 현실이 된다고 말하면 꿈같은 소리라고 하겠지만 완전히 무시할 수도 없는 말이다. '저렇게 되고 싶다'고 생각하면 틀림없이 그 방향으로 나아가게 되어 있다. 의식이 행동을 바꿔 가기 때문이다. 그와 반대로 명확한 의식이 없으면 좀처럼 앞으로 나아가지 못한다. 행동을 바꿀 힘이 되지 못한다.

이때 고급스러운 경험을 통해 구체적인 이미지를 떠올릴 수 있다면 어떨까? 고급 호텔에 묵어 봐야 고급 호텔의 뛰어남을 상상할 수 있다. 몸소 체험했기에 구체적인 이미지를 떠올릴 수 있다. '그곳에 다시 묵고 싶다'는 생각은 그렇게 되고 싶다는 이미지를 더 구체적으로 만들어 준다.

앞으로 부자가 될 사람은
이미지 트레이닝을 한다.

무엇을 아끼고
어디에 투자할 것인가

결국 부를 이루지 못할 사람은
이미지 트레이닝을 하지 않는다.

강연을 할 때마다 권하는 것이 있다. 바로 자기 전에 **2분간** 명상하는 것이다. 나는 매일 내가 되고 싶은 모습을 그리는 이미지 트레이닝을 한다. 특별한 방법은 없다. 마음껏 자유롭게 상상하는 것이다. 어떤 일을 하는 자신, 어떤 집에 사는 자신, 어떤 식사를 하는 자신, 어떤 배우자와 행복하게 사는 자신을 마음껏 그려 보자. 그러기 위해 매일 밤 잠자리에 들기 전에 **2분간** 명상해 보자. 머릿속에 이미지를 그리자. 그 이미지를 키워서 더 큰 이미지로 만들기 위해서라도 때때로 고급스러운 경험을 해 보자. 그 경험이 이미지를 더욱 크게 부풀려 줄 것이다.

66

From. Jim Rogers

전쟁이든 무엇이든 많은 변화를 겪은 나라는
급성장할 가능성이 높습니다.

얼마 전에 들려온 흥미로운 소식이 하나 있었죠.
미얀마에 증권거래소를 열었다는군요.

99

3장

처음에는 누구나 배워야 한다.
그리고 연습해야 한다.
연습을 통해 경험해야 한다.
그렇게 점점 실력이 느는 것이다.

그런데 많은 사람이 돈에 관해서는 배우려 하지 않고
그저 부자가 될 수 있다고 생각한다.
연습하지 않아도
처음부터 부자가 될 수 있을 거라고 착각한다.

당연히 잘될 리 없다.

—

본래 수익과 위험은 세트다.
수익을 내고 싶다면
위험과 마주해야 한다.

—

앞으로 부자가 될 사람은
1만 원으로 주식 투자를 시작한다

11

결국 부를 이루지 못할 사람은
투자에 큰돈이 필요하다고 착각한다

앞으로 부자가 될 사람과 결국 부를 이루지 못할 사람의 열한
번째 차이는 '돈에 관해 공부하는가'이다. 물론 목적 없이 공부
하는 것은 의미가 없다. 열심히 계속할 때 차이점이 발생한다.

생각해 보면 당연한 일이다. 골프를 잘 치고 싶은 사람은 누구
나 골프를 연습한다. 골프 관련 서적과 잡지를 사서 읽거나 골프
연습장에 가서 실제로 라운딩을 하며 연습한다. 악기도 일도 마
찬가지다. 처음부터 깊은 지식이 있을 리 없으니 갑자기 실력이

늘 수 없다. 천재라고 불리는 사람들도 예외는 아니다. 처음에는 누구나 배워야 한다. 그리고 연습해야 한다. 연습을 통해 경험해야 한다. 그렇게 점점 실력이 느는 것이다.

그런데 왜 그런지는 모르겠지만 돈에 관해서는 이런 생각을 안 하는 듯하다. 아무것도 배우려 하지 않고 그저 부자가 될 수 있다고 생각한다. 연습하지 않아도 처음부터 부자가 될 수 있을 거라고 착각한다. 갑자기 전문가나 하는 방법을 시도하기도 한다. 당연히 잘될 리 없다.

내 주위에 있는 부자들은 모두 공부에 한해서는 모범생이다. 그래서 그들은 돈과 관련한 것들에 대해 빠삭하다. 금융 상품도 잘 알고 있고 시장이 어떻게 돌아가는지도 분석할 수 있을 정도다. 그들은 공부하기를 멈추지 않는다. 그들은 모두 돈을 얻으려면 공부해야 한다는 인식을 가지고 있다. 동시에 돈에 관해 배우려면 돈이 필요하다고 생각하고 있다. 반면 돈 앞에서 평생 약자로 살게 될 대부분의 사람은 돈에 대해 공부하지 않는다. 이런 현상은 현재에 한정된 얘기가 아니다. 그들은 앞으로도 돈을 공부하는 데 돈을 쓸 생각이 없다. 필요성을 느끼질 못하는 것이다.

앞으로 부자가 될 사람은
돈을 공부하기 위해 돈을 쓴다.
결국 부를 이루지 못할 사람은
돈을 공부하는 데 돈을 쓰지 않는다.

어떤 것을 배우려면 돈이 필요하다. 앞으로 부자가 될 사람은 그 점을 알고 있기에 돈을 아끼지 않는다. 그렇다고 많은 돈을 내야 공부할 수 있는 건 아니다. 책 한 권을 사는 것도 공부다. 점심값 정도로 살 수 있는 책도 있다. 전자책이다. 점심값으로 비싼 양장본도 읽을 수 있다. 하지만 책 한 권 사는 걸 아까워하는 사람이 적지 않다. 난 그들에게 묻는다.

"술 한 번 덜 마시면 그 돈으로 책을 몇 권 살 수 있을까요?"

의미 있는 술자리도 있지만 의미 없는 술자리가 거의 대부분이다. 그저 타성에 젖어 가는 술자리에서 낼 돈으로 책을 사는 편이 좋지 않을까? 혹시 그 책 한 권이 인생을 크게 바꿀지도 모르잖는가?

일에 쫓겨 공부할 시간이 없다는 사람도 적지 않다. 그러나 알고 보면 모두가 바쁘다. 그런 와중에도 배움에 열정이 있는 사람은 조금이라도 공부 시간을 만들려고 한다. 아침에 **10분**, **15분** 정도 짬을 내서 책을 읽는 것도 어엿한 공부다. 잠자리에 들기 **10**분 전 책을 읽을 수도 있다. 점심시간이나 출퇴근 시간을 활용할 수도 있다. 지하철에서 스마트폰을 만지작거릴 시간에 책을 펴는 건 어떤가?

나보다 돈에 관해 잘 아는 사람은 얼마든지 있다. 그들 중 상당수가 부자다. 그러나 그들은 여전히 공부하고 있다. 나는 그들에게서 순수한 열정을 느낀다. 그들은 일어난 일을 그대로 받아들이고 돈을 순수하게 공부한다. 그들은 결코 남 탓을 하지 않는다. 사람뿐만 아니라 그 어떤 것도 탓하지 않는다. 그들은 결과가 좋으면 운이 따라 준 것뿐이라며 겸허한 태도를 보인다.

반면 결국 부를 이루지 못할 사람은 항상 탓하곤 한다. 물론 탓하는 대상에 자신은 포함되지 않는다.

앞으로 부자가 될 사람은
수익이 나면 운이 좋았다고 생각한다.
결국 부를 이루지 못할 사람은
손실이 나면 다른 사람 탓이라고 생각한다.

일이 잘 풀리는 사람은 남이 하는 말에 귀를 기울인다. 부자는 마음이 열려 있다. 자신과 다른 방식으로 일하는 사람의 이야기에도 겸허하게 귀를 기울인다. 배우려는 것이다. 그들은 '나와는 스타일이 달라', '그건 저 사람이니까 잘된 거야', '나는 내 방식대로 하면 돼'라고 생각하지 않는다. 오히려 좋은 것은 적극적으로 받아들이고 시도해 보려고 한다. 그들은 그것을 연습이라고 표현한다. 그들은 무리해서 큰 수익을 노리지 않는다. 연습 시간이 필요하다는 것을 알고 있기 때문이다. 그들은 자신의 실패로부터 배운다. 그리고 같은 실패를 반복하지 않는다. 그렇게 점점 실력을 쌓는다.

사람들은 불경기라는 말을 빈번하게 쓴다. 나는 이 사실에 매우 놀랐다. 특히 일본에 와서 더 많이 들었는데 인도에서는 불경기라는 말 자체를 쓰지 않는다. 이 단어의 정확한 뜻을 알기 전까지 나는 케이크 이름인 줄 알았다.

불경기라는 단어뿐일까? 일반적으로 많은 사람이 스트레스라는 단어를 쓰는 빈도 역시 매우 높다. 왜 불경기와 스트레스라는 단어를 이렇게도 많이 쓸까를 생각해 보니 답은 의외로 간단했다. 그들은 자기 합리화가 필요할 때 이 표현을 거리낌없이 쓰는 것이다. 비즈니스, 직장, 인간관계에 이르기까지 온갖 것에 그 단어를 가져다 댄다. 그들은 이 말이 핑계라는 걸 인지하지 못한다. 그들이 결국 부를 이루지 못할 사람들이란 건 말하지 않아도 될 것 같다.

앞으로 부자가 될 사람은 불경기 혹은 스트레스라는 단어를 많이 쓰지 않는다. 쓴다 해도 이 두 단어를 변명거리나 이유로 내세우지 않는다.

> **앞으로 부자가 될 사람은**
> **불경기나 스트레스를 탓하지 않는다.**
> 결국 부를 이루지 못할 사람은
> 뭐든 불경기나 스트레스 탓으로 돌린다.

탓을 하지 않는 사람들은 그 원인을 자신에게서 찾는다. 그들은 사물을 있는 그대로 보고 겸허한 자세로 배우려 한다. 그들은 배운 것이 얼마나 중요한지도 잘 알고 있다.

짐 로저스는 말했다.

"자신이 알고 있거나 배운 것이 아니면 손대면 안 된다."

돈은 아니, 모든 것은 배움에서 시작한다.

돈을 공부하면 투자에 대한 이미지가 변할 것이다. 1만 원으로도 적립식 주식 투자가 가능하다는 걸 알게 된다. 반면 돈을 제대로 공부하지 않은 사람은 투자를 하려면 큰돈이 있어야 한다는 착각에 빠진다. 그들은 큰돈을 투자하는 것이 무서워 투자라는 길목에 발을 들여놓지 못한다. 그렇게 돈에 약한 채로 살아간다. 아까운 시간만 흘려보내는 것이다.

앞으로 부자가 될 사람은
1만 원으로 주식 투자를 시작한다.
결국 부를 이루지 못할 사람은
투자에 큰돈이 필요하다고 착각한다.

실제로 나는 투자 아카데미에서 처음으로 투자를 시작하는 사람에게 1만 원이든 5만 원이든 좋으니 적립식 투자를 해 보라고 권한다. **ETF** 상품도 미국의 **S&P500**도 소액 투자가 가능하다. 큰돈을 투입해야만 투자가 성립되는 것은 아니다. 무리하지 않는 선에서 작게 시작하면 된다.

아직 주식에 대해 공부도 하지 않았는데 무작정 시작하는 게 모험이라고 생각할 수도 있다. 하지만 실전 투자를 하면서 공부하는 것과 하지 않고 공부하는 것의 실감 차이는 너무나 크다. 한 예로 가격이 변동하는 금융상품을 매달 일정 금액 거래해 봄으로써 매입단가평준화가 가격 변동 리스크를 피하게 해 주는 것임을 실감해 볼 수 있을 것이다.

부자가 되는 지름길은 없다. 꾸준히 착실하게 공부하는 방법뿐.

66

From. Jim Rogers

잘 모르는 분야에 손을 대는 건
저급한 투자 방식입니다.
어떤 사람이 말해서 어떤 종목을 샀다면
크게 실패할 겁니다.

말한 당사자가 설령 저라고 해도 말이죠.

99

앞으로 부자가 될 사람은
돈이 늘어날 기회가 있다고 생각한다

결국 부를 이루지 못할 사람은
돈이 줄어드는 것을 절대 용납하지 못한다

앞으로 부자가 될 사람과 결국 부를 이루지 못할 사람의 열두 번째 차이는 바로 '위험에 대해 얼마나 이해하고 있는가'다. 돈을 공부하면 위험을 이해할 수 있게 된다. 여기서 위험을 이해한다는 말의 의미는 이렇다. 모든 위험은 그것을 피할 수 있는 확률로 봤을 때 거의 불가능에 가깝다는 걸 안다는 뜻이다.

예를 들어 자동차를 운전한다고 하자. 자신이 아무리 안전 운전을 한다 해도 난폭 운전을 하는 차가 들이받을 수 있다. 비행기를 타도 언제나 사고 가능성은 존재한다. 고속열차, 배도 마찬가지다. 출퇴근 지하철에서 목숨을 잃는 사람도 있다. 고급 레스토랑에서 식사를 했을 뿐인데 식중독에 걸리기도 한다. 무슨 일이 일어날지는 아무도 모른다. 그래서 모든 위험을 피하기란 하늘에서 별을 따는 정도의 확률이 된다. 사실 거의 제로다.

그런데 왜 돈 이야기만 하면 그리도 무서워하는가? 위험 확률을 각오하고 운전도 하고 여행도 가는데 왜 돈 이야기만 하면 위험이 두려워 주저앉아 버리는가? 그들은 말한다.

"위험한 곳에 돈을 노출시키기 싫어요."

"돈이 줄어들지도 모르는 일은 절대 안 해요."

가만히 돈을 갖고 있으면 위험을 피할 수 있을까? 은행에 예금을 맡겨도 1퍼센트대 금리다. 다시 말해 돈이 거의 늘지 않는다. 반면 높은 금리를 기대할 수 있는 금융 상품이 있다. 같은 1000만 원이라도 은행 예금에 넣어 두는 것과 높은 금리가 기대되는 금융 상품으로 운용하는 것은 10년 뒤에 큰 차이를 만든다. 만약 인플레이션으로 물가가 오르고 돈의 가치가 떨어지면 어떻게 될까? 실질적으로 돈이 줄어드는 것이나 다름없다. 바꿔 말해 돈은 그냥 두면 늘어나지 않는다는 위험에 노출된다. 가만있는 것도 위험하다는 말이다.

**앞으로 부자가 될 사람은
돈이 늘어날 기회가 있다고 생각한다.
결국 부를 이루지 못할 사람은
돈이 줄어드는 것을 절대 용납하지 못한다.**

본래 수익과 위험은 세트다. 수익을 내고 싶다면 위험과 마주해야 한다. 위험을 각오해야 수익을 낼 수 있다. 즉 우리는 위험을 회피하려 하지 말고 위험을 통제하려고 해야 한다.

돈에 관한 위험을 말하면 사람들은 자꾸 머리로 이해하려고 한다. 그럴 때면 나는 자전거를 예로 들어 설명한다. 자전거를 배울 때 우리는 누구나 넘어진다. 넘어지면 물론 아프다. 야구를 배울 때는 어떤가? 처음에는 손이 아프다.

영어 격언 중 이런 말이 있다.

"no pain, no gain."

인간은 어떤 것을 얻고 싶어 하지만(gain) 고통을 맛보고(pain) 싶어 하지는 않는다. 그러나 나중에 성취감을 느끼려면 처음에는 위험을 각오해야 한다. 혹여 고통이 전혀 없는데 성취감을 얻을 수 있는 금융 상품이 있다면 숙고해야 한다. 돈의 원칙에 반하기 때문이다.

위험이 없는데 수익이 있는 상품은 존재하지 않는다. 얼핏 보기에는 위험이 없고 원금이 보장된 듯하지만 실은 그렇지 않은 상품이 많다. 끊임없이 말이 나오는 월 지급식 펀드(목돈을 맡기면 투자한 다음 달부터 매달 연금처럼 투자 금액의 일정 비율이 현금으로 지급된다. 다만 투자 결과에 따라 원금 손실 위험이 있다)도 그렇다. 원금은 그대로이고 매월 수익이 지급된다는 점을 판매 문구로 내세우지만 수익이 실현되지 않았을 때는 원금을 갉아먹을 수밖에 없다. 이것 역시 표면적으로는 돈의 원칙과 일치하지 않는 듯 보이니 원금을 잃고 싶지 않은, 결국 부를 이루지 못할 사람들이 쉬이 손을 뻗는다. 그렇게 의도와 달리 손실을 입게 된다.

돈을 공부한 사람들은 쉽사리 주변에 휘둘리지 않는다. 그들은 남들이 많이 산다는 이유로 쉽게 손을 대지 않는다. 나는 투자신탁이 그 상징적인 상품이라고 생각한다.

실제 투자 아카데미에서 앞으로 부자가 될 사람들의 의견을 들어 보면 투자신탁에 대한 평가가 그리 높지 않다. 지금은 시중 은행도 취급하는 대중적인 금융 상품이 되었지만 정작 그들은 사지 않는다. 그러면 그들은 무엇을 살까? 바로 **ETF**다. 특정 지

수, 예를 들어 닛케이평균지수나 **TOPIX** 지수(일본의 도쿄증권거래소가 산출하고 발표하는 주가지수)와 연동하는, 운용 성과를 목표로 금융상품거래소에 상장된 금융 상품이다.

> **앞으로 부자가 될 사람은**
> **ETF를 산다.**
> 결국 부를 이루지 못할 사람은
> 투자신탁 상품을 산다.

ETF와 투자신탁의 차이는 특정 지수 연동 여부다. **ETF**는 펀드매니저가 운용하지 않는다. 나는 상당수 투자신탁의 경우 펀드매니저가 운용한다는 데 문제가 있다고 보는 편이다. 그들은 월급쟁이다. 우수한 운용 실적을 냈다고 해서 급여가 껑충 뛰진 않는다. 운용 실적이 형편없다고 급여가 확 줄지도 않는다. 요컨대 그들은 안정적인 위치에서 돈을 운용한다. 앞서 말했듯 돈의 원칙에 반하는 것이다. 위험이 없는 곳에 수익은 없으니 말이다. 위험을 무릅쓰려 하지 않으니 운용 실적이 오르지 않는다. 그러는 사이에도 수수료는 칼같이 먼저 떼어 간다.

지수와 연동되는 **ETF**는 훨씬 이해하기 쉬울 것이다. 일본이나 미국 상품도 좋지만 성장하는 국가의 **ETF**를 주목할 필요가 있다. 투자신탁도 그렇지만 나는 금융기관이 권하는 상품은 기본적으로 금융기관이 돈을 벌 수 있는 상품이라고 생각한다. 그들의 목적은 이익을 내는 것이기 때문이다. 그 점도 충분히 신경 써야 한다. 깊이 공부하면 보이는 것들이다.

"위험인지 뭔지와 마주하지 않고도 지금까지 충분히 잘 살아왔어요."

종종 들리는 말이다. 땀 흘리며 열심히 일하면 분명 보상을 받을 것이니 무조건 꾸준히 저금하면 된다고. 예전에는 그랬다. 땀 흘려 열심히 그리고 성실하게 일하면 보상받을 수 있는 시대였다. 환경이 그랬다.

하지만 지금은 그렇지 않다. 시대 상황이 변했다. 인프라가 정비되어 인터넷 시대가 되었다. 근로 방식이 하드 워크에서 스마트 워크로 바뀌어 가는 것도 그 때문이다. 열심히 일해야 하는 건 여전하지만 노력하는 방식이 변했다. 자신은 물론이고 자신의 돈도 일하게 만들어야 하는 시대가 되었다. 이런 변화 속에서도 부모님 세대는 '위험이 있는 투자 따윈 소용없다', '저축이 제일', '도박이나 마찬가지'라고 인식한다. 어쩔 수 없는 일이다. 그

무엇을 아끼고
어디에 투자할 것인가

분들은 그런 시대를 살아왔다. 하지만 지금은 위험과 잘 교섭해서 돈이 돈을 벌도록 만들어야 하는 시대다.

앞으로 인공지능이 진화하면 현재 일자리를 위협받는 사람도 있을 것이다. 어느 날 갑자기 예기치 않게 회사 기반이 흔들릴지도 모른다. 리먼 브라더스 사태를 일으킨 리먼 브라더스사의 직원들조차 회사가 없어지리라곤 상상도 하지 못했을 것이다.

이런 시대를 대비하는 방법에는 무엇이 있을까? 가장 효과적인 대책은 분산이다. 위험은 어디에나 존재하므로 여러 곳에 돈을 놓아 둬서 그 위험을 피한다. 이것은 회사나 일에도 적용된다. 수입도 급여에만 의존하지 않고 부수입 등 경로를 늘리는 편이 좋다. 그것이야말로 자신에게 찾아올 위험을 대비하는 중요한 방법이다.

앞으로 부자가 될 사람은
믿을 사람을 스스로 결정한다

결국 부를 이루지 못할 사람은
권위에 기대어 결정한다

돈 공부는 여러 곳에서 할 수 있다. 가장 쉽게 떠올릴 수 있는 창구는 책과 인터넷이다. 얼마든지 무료로 정보를 접할 수 있다. 이 외에도 친구, 지인, 회사 동료, 선배, 상사에게도 배울 수 있다.

그러나 이때 한 가지 주의할 점이 있다. 누구를 믿을지 명확히 해야 한다는 것이다. 사람들의 말이 반드시 일치하지는 않기 때문이다. 그럼 누구를 믿어야 할까?

나는 잘된 사람을 믿으라고 말한다. 나 역시 부자가 된 사람에게 가르침을 청하고 그의 말을 믿은 덕분에 일이 잘 풀린 케이스다. 회사라고 다르지 않다. 한때 회사가 적자를 내서 자금 조달이 불안해졌을 때 나는 회사를 흑자로 만들고 많은 수익을 낸 경영자에게 가르침을 청했다. 이미 성공한 사람에게 묻는 게 가장 좋은 방법이라고 생각했기 때문이다.

앞으로 부자가 될 사람은
성공한 사람이나 전문가의 말을 듣는다.
결국 부를 이루지 못할 사람은
친구의 말을 듣는다.

내 옆에 있는 사람의 말이 귀에 쏙쏙 들어올 수도 있다. 하지만 나는 이렇게 생각한다. 그것은 자신이 듣고 싶은 것만 듣기 때문이라고.

성공한 사람이나 전문가가 아닌 만난 적도 없는 사람이 쓴 인터넷 기사나 게시판 글에 끌려다니는 사람이 적지 않다. 그들은 5배, 10배 수익이 난다는 말에 혹한다. 확실한 근거가 없는 정보인데도 말이다. 그렇게 결국 큰 손실을 본다.

그런 정보에 휘둘린 사람에게 한 가지 묻고 싶다. 반드시 큰 수익이 나는 이야기를 누구나 보는 앞에서 큰소리로 떠벌리는 사람이 정말로 존재할까? 그것도 공짜로 말이다.

그럴 때는 다른 속셈이 있다고 생각하는 게 옳다. 믿어 주고 그대로 하는 사람이 생겨야 이득을 보는 사람인 것이다. 그래서 게시판에 되지도 않는 답글까지 다는 것이다. 나는 기본적으로 게시판에 있는 정보 중 95퍼센트는 엉터리라고 생각한다. 결국 부를 이루지 못할 사람들을 휘두르기 위해 발신되는 정보다.

반대의 경우도 있다. 투자는 위험하다느니, 큰 손실이 났다느니, 전혀 수익이 나지 않았다느니 같은 말을 하고 다니는 사람이 있다. 이런 사람에게 휘둘리는 사람도 적지 않다. 잘된 사람의 이야기를 들어야 하는데 일이 잘 안 된 사람의 이야기에 귀를 기울이는 것이다. 그들은 투자는 위험하고 돈을 늘린다는 건 불가능하며 성공하는 사람은 극히 일부일 뿐이라는 정보를 맹신한다. 믿는 이유는 간단하다. 그 말을 믿고 싶은 것이다. 사람은 자신이 믿고 싶은 정보를 믿는 습성이 있다. 그래서 허튼 정보에 빠지는 것이다.

투자 아카데미에 오는 사람은 정확히 둘로 갈린다. 나를 전적으로 믿고 따르는 사람과 나에게 의문을 가진 채 떠나갈 모양새

무엇을 아끼고
어디에 투자할 것인가

를 취하는 사람이다. 아이러니하게도 전자는 조금씩 돈에 강해지고 있었다.

나는 주식을 매매하건 해외에 투자하건 어떤 일을 할 때는 먼저 자신의 머리로 생각해 보라고 말한다. 스스로 공부한 후 결정하고 실행해야 한다. 그리고 결과가 잘 나오면 반드시 결과가 좋은 이유를 검증해야 한다고 권한다. 직접 확인하는 것이다. 그렇게 하면 틀림없이 돈을 늘리는 능력을 자기 것으로 만들 수 있다.

또 하나 그들에게 강조하는 것이 있다. 바로 돈에 관한 멘토를 찾으라는 것이다. 돈에 관한 멘토는 필요하다. 멘토와 의논할 수도 있고 멘토를 목표로 노력할 수도 있다. 자신이 나아가야 할 방향성을 쉽게 찾을 수 있다. 그런데 멘토가 여러 명이면 어떻게 될까? 그것도 전혀 다른 유형의 사람들을 멘토로 삼으면? 분명 혼란에 빠질 것이다. 실제로 내 강의를 들은 뒤 나와 정반대 주장을 펼치는 사람에게 배우러 간 사람이 있었다. 그것은 오바마 전 대통령과 트럼프 대통령을 동시에 스승으로 삼는 것과 같다. 전혀 유형이 다르니 당연히 잘될 리 없다.

앞으로 부자가 될 사람은 내가 진행하는 투자 아카데미에서 들은 가르침을 집에 돌아가서 몇 번이고 되새김질한다. 그들은 나를 믿고 내가 하는 말을 하나도 남김없이 흡수하기 위해 반복해서 공부한다. 사실 나도 예전에는 그랬다. 배운 내용을 보고 또 보며 공부했다.

책을 읽어도 그렇다. 여러분은 한 번 읽으면 모든 내용이 머리에 들어오는가? 두세 번 읽을 때 새롭게 눈에 들어오는 내용이 있지 않은가? 같은 책을 여러 번 읽다 보면 '이 페이지에 이런 내용이 있었구나', '이 장은 이런 의미였구나' 하고 새로운 사실이 보이는 경우가 많다. 영화라고 다르진 않다. 한 번 볼 때와 두세 번 볼 때의 장면이 다르다.

앞으로 부자가 될 사람은
책이나 교과서 내용을 반복해서 공부한다.
결국 부를 이루지 못할 사람은
책이나 교과서를 한 번밖에 읽지 않는다.

물론 한 번 읽는 것만으로도 충분한 경우가 있다. 돈에 관한 잡지가 그렇다. 잡지는 새로운 정보를 제공하는 매체로 보통 시의성이 강하다. 따라서 시간이 흐르면서 진부해지고 가치가 떨어진다. 게다가 잡지는 인쇄물이라 들어온 정보가 정리되고 판매되기까지 시간이 오래 걸리는 매체 중 하나다. 기사가 작성될

무엇을 아끼고
어디에 투자할 것인가

때는 분명 따끈따끈한 정보였을 테지만 인쇄가 되어 나온 시기쯤에는 최신이라고 볼 수 없을 때가 많다. 물론 믿고 볼 수 있는 잡지는 여전히 많다. 단지 시기에 적절할 정보인지 확인하라는 뜻이다.

또 하나, 누구를 믿을 것인지를 선택할 때 유독 빠지기 쉬운 함정이 있다. 사람들은 의외로 권위에 약하다. 본래 자신이 믿을 사람을 정할 때는 일이 잘 풀린 사람, 성공한 사람을 선택해야 한다. 혹은 믿고 따르고 싶은 사람, 멘토로 삼고 싶은 사람, 조언을 받고 싶은 사람, 돈에 정말로 강한 사람이어야 한다. 그런데 적지 않은 사람이 상관없는 요소에 영향을 받는다. 학력이나 직업 같은 권위를 기준으로 믿을 사람을 결정하는 것이다.

> **앞으로 부자가 될 사람은**
> **믿을 사람을 스스로 결정한다.**
> 결국 부를 이루지 못할 사람은
> 믿을 사람을 권위에 기대어 결정한다.

권위가 있고 높은 실적을 올렸으며 결국 부자가 된 사람이라면 나도 이의를 제기하지 않는다. 하지만 '저 사람은 명문대 출신이니까', '저 사람은 하버드대를 나왔으니까', '저 사람은 유명한 기업에서 일했으니까'라는 이유만으로 신뢰하는 사람이 적지 않다. 명문대 출신이나 유명한 기업에서 일한 사람이 큰 성공을 거둔 케이스가 많은 건 나도 안다. 그러나 나는 권위는 있지만 탁상공론만 하는 사람도 많이 봤다. 권위가 있다는 것에 만족해 그것을 뛰어넘을 만한 새로운 일에 도전하지 않는 사람이 생각보다 많다.

인간의 성장 폭은 학교를 나온 뒤 얼마나 많이 공부하고, 얼마나 많이 책을 읽고, 얼마나 많은 경험을 쌓고, 얼마나 많은 정보를 얻느냐에 따라 결정된다. 권위에 미혹되지 않고 이 사람이라고 고를 수 있는 안목을 키우는 것이 중요하다.

앞으로 부자가 될 사람은
수준이 높은 사람과 교류하려고 옮긴다

결국 부를 이루지 못할 사람은
수준이 같은 사람들과 계속 교류한다

인도에서 일본으로 온 지 얼마 되지 않았을 무렵의 나를 나는 지금도 뚜렷하게 기억하고 있다. 그 당시 나는 결코 돈에 강자가 될 수 없는 사람이었다. 나는 나와 비슷한 사람들에게 둘러싸여 있었다. 일이 잘 풀리지 않아 언제나 스트레스를 받았고 불쾌한 일이 있으면 TV를 보며 기분 전환을 했다.

내 주변 사람들도 나와 같았다. 한자리에 모이면 앞다퉈 회사나 상사의 뒷담화를 했다. 일이 잘 풀리지 않는 것은 모두 상사와 회사 때문이었다. 당시 나의 상사는 무척 엄격한 사람이었는데 영문 서류에 콤마가 빠졌다는 이유로 호통을 치며 나를 향해 서류를 집어던진 적도 있었다. 키보드 입력 속도가 느려서 집에서 타자 연습을 해 오라는 지시도 받았다. 일본의 이런 세세한 비즈니스 습성에 적응하지 못한 나의 머릿속은 도망치고 싶다는 생각뿐이었다. 나는 항상 변명을 하거나 나를 정당화했다. 나는 잘못한 게 없다. 상사가 쓸데없이 까다롭고 요구가 많은 것이다, 라면서. 그러나 아무리 그렇게 울분을 풀어도 발전하는 일은 없었다. 아무것도 좋은 방향으로 진행되지 않았다. 오히려 지금은 그 회사에 감사한다. 나를 엄격하게 조여 준 덕분에 훗날 내가 나를 엄격하게 대할 수 있었다.

출장차 어느 날 인도에 간 적이 있다. 나는 거기서 인도 대부호의 생활양식을 보고 눈이 휘둥그레졌다. 그는 일단 활기가 넘쳤다. 일본에서 접하던 동료들과는 분위기가 완전히 달랐다. 그는 내게 다음과 같이 조언했다.

"자네는 일본에서 계속 월급쟁이로 살 건가?"

"기왕 일본에 갔으니 최첨단 테크놀로지 분야를 파고들어 봐."

"인도의 뮤지컬을 활용해 보지 그래?"

그는 마지막으로 "자네는 조금만 변하면 분명 성공할 거야"라는 말을 선물로 내게 안겨 줬다. 나는 그 말을 믿기로 했다. 대부호가 나의 어떤 점을 보고 그런 말을 했는지는 모르겠지만 나는 분명 운이 따를 거라고 마음대로 믿어 보기로 했다. 일본행 비행기에서 내 가슴은 점점 뜨거워졌다. 나는 '대부호처럼 되겠다'고 결심했다. 그렇게 생각이 바뀌자 행동이 바뀌었다. 나는 성공한 사람의 이야기가 담긴 책을 정말 열심히 읽었다. 그리고 성공한 사람에게 다가가야겠다고 생각했다.

앞으로 부자가 될 사람은
성공한 사람이나 부자 집단에 들어가려고 한다.
결국 부를 이루지 못할 사람은
성공한 사람이나 부자가 아닌 집단에 들어가려고 한다.

결국 부를 이루지 못할 사람은 서로 한탄하고 푸념하며 위로한다. 사실 그런 동료가 있으면 마음이 편하다. 불평하고 부정적인 발언을 하며 소문을 안줏거리로 삼고 TV에 나온 이야기에 열을 올려 가면서 무의미한 시간을 보낼 수 있기 때문이다. 기분 전환이 되긴 한다. 그러나 그곳에 머무르면 절대로 인도의 대부호처럼 되지는 못할 것 같았다. 그래서 교류하는 사람을 바꾸기로 했다.

마음 편한 동료, 게으르고 늘어져 있어도 되는 동료 집단에서 나가려면 굳은 결심이 필요하다. 인간은 같은 일을 계속하는 것이 편하기 때문이다. 반면 새로운 일, 더구나 나보다 수준이 높은 사람과 교류하려고 마음먹으면 스트레스를 받는 경우가 많다.
하지만 나는 이 환경을 바꾸려면 여기서 나가는 수밖에 없다고 생각했다.

앞으로 부자가 될 사람은
수준이 높은 사람과 교류하려고 옮긴다.
결국 부를 이루지 못할 사람은
수준이 같은 사람들과 계속 교류한다.

조금이라도 나보다 수준이 높은 사람과 교류하는 것은 목표를 세우는 일보다 쉬웠다. 어느 회사든 나보다 긍정적인 에너지를 갖고 있거나 나보다 활기차게 일하는 사람은 반드시 있기 마련이다. 그런 사람을 찾아서 그 사람이 속한 집단에 들어갔다.

무엇을 아끼고
어디에 투자할 것인가

의욕적으로 신바람 나게 일하는, 일상을 활기차게 보내는, 척척 일을 처리해 나가는 선배나 상사에게 다가갔다. 그랬더니 내 일상이 확 달라졌다. 나도 활기차고 즐겁게 일할 수 있게 되었다. 그러자 필연적으로 목표 수준이 높아졌다. 의식 수준이 낮은 동료들과 있었다면 결코 생각하지 못했을 일을 계획하고 실행하게 된 것이다.

외부 스터디 모임이나 세미나에 참여해 보자는 생각이 들었다. 새로운 만남을 위해 돈을 투자하기로 한 것이다. 그곳에서 더욱 수준 높은 사람들을 접할 수 있었다. 회사 경영자, 전문가, 자기 계발 욕구가 강한 사람 등이 모인 곳에 한 번에 들어간 셈이다. 그것도 그들과 대등한 입장에서 말이다!

내 세미나에도 그와 같은 일이 일어난다. 출신지, 배경, 현재 위치는 제각각이지만 출발선은 같다. 사장, 전문가. 아직 평사원인 사람이 한 커뮤니티에서 만나 시작하는 것이다. 이곳에 온 젊은이는 단숨에 자신의 무대 수준을 업그레이드할 수 있다. 새로운 사람과 교류할 수 있기 때문이다. 이것이 세미나의 가장 큰 이점이다. 자신이 변하고 싶다면 환경이나 교류하는 사람을 바꿔야 한다.

나도 새로운 사람과 교류하고 새로운 커뮤니티에 들어갈 수 있었다. 회사에 안주했다면 절대로 만나지 못했을 사람들과 교류하게 되었다. 환경이 바뀌면 의식도 점점 바뀐다. 과감하게 창업할 생각이 든 것은 많은 경영자를 만났기 때문이다.

부자들은 놀라운 행동력과 부지런함의 소유자라는 것도 알게 되었다. 돈에 대해 긍정적이고 돈을 늘리려는 사람은 당시의 나와는 다른 습관을 갖고 있었다. 예를 들어 샐러리맨 시절의 나는 아침 일찍 일어나는 게 힘들었다. 공부를 열심히 하지도 않았다. 새로운 사람과 만나려고 애쓰지도 않았다. 그런데 습관을 바꾸자 내 인생도 바뀌었다.

주위에서 평균 연 수입이 자신의 연 수입 시세라는 말을 종종 듣는다. 농담처럼 들리겠지만 그 말은 사실이다. 주위에 연 수입이 10억 원인 사람이 있다면 자신의 연 수입 시세도 10억 원이 된다. 그러나 주위 사람들이 1억 원 이하라면 자신의 연 수입 시세도 1억 원 이하가 된다.

연 수입은 어떤 인맥과 접하는지, 어떤 정보가 들어오고 나가는지에 따라 변한다. 샐러리맨 시절에 내 주위에는 연 수입이 4, 5000만 원인 사람밖에 없었다. 그 수준의 정보만 들으며 살아야 했다. 지금은 알 수 있다. 좋은 책을 권해 주는 사람도 좋은 정보를 주는 사람도 없었다. 보험이나 자금 운용처를 화제로 삼지 않았다. 그런 환경에서 돈에 강해질 리가 없었다.

물론 갑자기 수준 높은 커뮤니티에 들어가기는 쉽지 않을 것이다. 최선은 자신보다 나아 보이는 가장 가까운 주변 사람에게 다가가는 것이다. 자신보다 수입이 많고 능력 있는 선배, 능력 있는 상사, 다른 회사에 이직해서 신나게 일하고 있는 예전 동료들을 만나는 것부터 시작해 보자. 그들이 자신의 **1.5**배나 **2**배를 버는 사람이라면 금상첨화다.

지나치게 조심스러워하는 습성이 있다면 지금은 그 습성을 치워 두자. 가르침을 받겠다는 자세로 나아가자. 그리고 자신이 그들에게 줄 수 있는 것은 없는지 생각하자. 처음부터 그들과 대등해지려고 안간힘을 쓸 필요는 없다. 따라가겠다는 의식만 있으면 조금씩 바뀔 것이다.

66

From. Jim Rogers

저는 앞으로 더 많은 기회가
있다는 걸 알고 있습니다.
그래서 걱정하지 않습니다.

설령 무언가를 놓쳤다고 해도
훨씬 더 많은 것이 기다리고 있습니다.

99

앞으로 부자가 될 사람은
성공한 사람의 이야기를 듣고 싶어 한다

결국 부를 이루지 못할 사람은
실패한 이유를 궁금해 한다

부자가 되고 싶다면 반드시 해야 할 일이 있다. 부자에게 배우는 것이다. 하지만 결국 부를 이루지 못할 사람은 그 점을 순순히 인정하지 않는다. 자존심 때문인지 질투심이 방해해서인지는 몰라도 제대로 배우지 않는다. 모처럼 부자가 되기 위한 귀중한 배움의 기회인데 그 기회를 제대로 살리지 못한다.

반대로 앞으로 부자가 될 사람은 적극적으로 부자에게 배우려고 한다. 그뿐 아니라 "이 사람이 이렇게 할 수 있었으니까 나도 그렇게 할 수 있을 거야. 열심히 하자!"라고 마음먹는다. '더 열심히 하자', '그 사람에게 자극을 받아 자신을 바꿔 보자', '더 크게 해 보자'라고 생각한다. 이것은 경쟁심과는 다르다.

예전에 **TV** 경제 정보 프로그램에서 아시아 여성이 미국으로 건너가 수천억 원의 연매출을 달성하는 회사 사장이 되었다는 이야기를 접한 적이 있다. 그녀가 가장 먼저 한 일은 가사 도우미였다. 그녀는 가사 도우미 일을 하면서도 전혀 열등감을 느끼지 않았다고 한다. 오히려 여러 사람을 보고 만나며 '이 사람이 할 수 있었다면 나도 할 수 있을 거야'라고 동기를 부여하고 열심히 노력했다고 한다. 그 결과 큰 회사의 사장이 되어 부자가 된 것이다.

'나도 할 수 있어'라는 마음은 솔직히 근거 없는 자신감이다. 하지만 그것이 도움이 될 때가 생각보다 많다. 잘되는 사람은 '남에게 배운 것을 나도 해 보자'고 생각한다.

사실 대부분의 사람은 부자를 질투한다. 부자를 질투할 때 생기는 문제는 아무것도 하지 않게 된다는 점이다. 이성적으로 생각하지 못한다.

그러나 생각해 보자. 다른 사람에게 그런 감정을 품는 건 아무

행동도 하고 싶지 않기 때문이 아닐까? 행동하지 않아도 되도록 핑계를 대는 것이다. 하지만 아무것도 하지 않으면 아무것도 변하지 않는다. 질투만 하고 행동하지 않아도 되는 변명을 늘어놓으면 당연히 아무 변화도 얻을 수 없다.

그렇다면 어떻게 해야 할까? 질투가 마음속에서 고개를 들었을 때 돈에 강자가 된 사람들을 호기심 어린 눈으로 관찰하는 것이다. 실제로 화려한 생활은 어떤 것인지 알고 싶다는 관점으로 말이다. 그러면 그들이 어떤 생활을 하는지, 어떻게 나날을 보내는지, 어떤 집에 살고 어떤 차를 타며 어떤 음식을 먹는지 궁금해질 것이다. 그다음엔 그 이미지를 바탕으로 생각을 확장하자. 그들처럼 되고 생활하려면 어떻게 해야 할까? 모든 것을 자신의 경우에 대입시켜 생각하자.

여기서 중요한 것은 더 풍요로운 생활을 하고 싶다, 더 좋은 경험을 하고 싶다, 이대로 일생을 마치고 싶지 않다는 마음가짐이다. 즉 기아감이다. 그것을 자신의 내면에 솔직하고 선명하게 간직하자. 부자가 되기 위한 동기부여로 삼을 수 있을 것이다.

성공한 사람, 부자에 대해 처음부터 좋지 않은 느낌을 품는 사람도 있다. 그것이 바로 앞서 말한 저주다.

'어떤 불법행위를 해서 부자가 된 건 아닐까?'

'특별한 뭔가가 있었겠지….'

그러나 실제 잘되는 사람은 기본적으로 겸허하다. 겸허한 태도가 몸에 배어 있다. 그들은 항상 배우는 자세를 취한다. 부자가 된 사람은 비즈니스를 잘하는 사람이다. 비즈니스를 잘하는 사람은 효과적으로 마케팅을 할 수 있는 사람이다.

효과적으로 마케팅을 하려면 어떻게 해야 할까? 상대나 소비자의 마음을 생각할 수 있어야 한다. 그러므로 부자가 된 사람은 언제나 사물을 겸허한 자세로 마주한다. 팔기만 하면 장땡이라는 발상을 하지 않는다.

나도 소신과 생각이 있지만 사물을 겸허하게 받아들이려고 한다. 나는 가상화폐를 그다지 긍정적으로 생각하지 않았다. 나는 줄곧 안티 가상화폐파였다. 그러나 2017년 12월, 가상화폐에 관한 콘퍼런스에 참여해 여러 사람과 만나고부터는 생각을 바꿨다. 가상화폐를 거래하기 시작했다.

엄청난 이익을 낸 사람도 있지만 나는 반대 경우였다. 나는 원망 대신 가상화폐에 대한 공부가 부족했을지도 모른다며 반성했다. 리서치와 공부를 더 해서 가능성을 찾을 걸 그랬다는 생각도 했다. 그러나 이번 경험은 분명 앞으로의 활동에 도움이 될 것이다. 나는 이 사실을 믿는다.

성공한 사람들은 동업자와도 교류한다. 누군가는 동일 업종에서 일하는 사람과는 이해관계가 충돌할 수 있으니 교류하지 않는 게 좋지 않으냐고 묻는다. 하지만 그건 잘못된 생각이다. 우리는 솔직하게 정보를 교환한다. 비즈니스를 위해 무엇이 필요한지도 공유한다. 창업자들끼리 모임을 갖는다는 것은 잘 알려진 사실이다. 나는 그곳에서 주위 사람을 질투하기보다는 모두 배우려는 자세를 갖고 있다는 인상을 받았다.

역시 필요한 것은 잘되는 사람의 이야기를 경청하는 것이다. 잘된 사람은 항상 마음이 열려 있다. 잘된 사람은 다른 잘된 사람의 잘된 이야기를 듣고 싶어 한다. 반면 결국 부를 이루지 못할 사람은 잘되지 않은 이야기에 초점을 맞춘다. 실패담, 잘 풀리지 않은 이야기만 듣고 싶어 한다.

앞으로 부자가 될 사람은
성공한 사람의 이야기를 듣고 싶어 한다.
결국 부를 이루지 못할 사람은
실패한 사람의 이야기를 듣고 싶어 한다.

우리의 목표는 실패가 아닌 성공이다. 성공한 사람의 이야기, 부자가 된 사람의 이야기를 들어야 한다. 그리고 그렇게 되기 위한 구체적인 단계를 상상해야 한다.

앞으로 부자가 될 사람은
자식을 호강시키지 않는다

16

결국 부를 이루지 못할 사람은
자식을 호강시키고 싶어 한다

돈에 관해 깊이 공부하려면 어떻게 해야 할까? 이 질문은 자녀가 있는 사람의 경우 아이를 어떻게 교육할 것인가로 바꿔 말할 수 있다.

돈을 제대로 이해하게 된 사람은 그것을 아이에게도 알려 주고 싶어 한다. 돈은 살아가는 데 대단히 중요한 요소이기 때문이다. 하지만 대부분은 그런 인식이 없기에 자녀에게 돈을 가르치지 않는다. 그것은 아이를 불쌍하게 만드는 행위다.

앞으로 부자가 될 사람은
자녀에게 돈에 관한 교육을 한다.
결국 부를 이루지 못할 사람은
자녀에게 돈에 관한 교육을 하지 않는다.

사람이 가진 습관 중 **40퍼센트**는 부모에게 배운다고 한다. 앞서 말했듯 일본에는 '돈돈거리면 안 된다', '투자는 위험한 행위다', '부자는 어떤 지저분한 짓을 했을 거다'라는 인식이 강한데 이것은 부모가 그런 분위기를 조성한 탓이 크다. 부모가 "투자는 위험해", "무조건 저축이야"라는 말만 한다면 아이는 막연히 그 말이 옳다고 생각한다. 그만큼 부모는 자식에게 큰 영향을 미친다.

이런 경향이 강한 일본에는 돈에 대한 부정적인 분위기가 만연한 가운데 이상야릇한 일이 일어나고 있다. 앞서도 언급했지만 고등학생이 명품 지갑을 갖고 다니는 게 일본에서는 그리 놀라운 일이 아니다. 과연 자신이 아르바이트를 해서 번 돈으로 샀을까? 나는 아닐 거라고 본다. 부모가 사 줬을 확률이 높다.

이것은 말도 안 되는 짓이다. 자신의 수입과 노력에 걸맞은 물건이라면 아무도 뭐라 하지 않겠지만 아직 일도 하지 않고 학교

무엇을 아끼고
어디에 투자할 것인가

에 다니는 학생이 그런 것을 갖고 있다니! 이것은 어떻게 봐도 자식에게 분에 넘치는 호강을 시키는 짓이다. 분수에 맞지 않고 이상한 일이다. 세상의 상식에서 보면 경악할 만한 이야기다. 무엇보다 아이에게 좋지 않다. 갖고 다니면 안 되는 것을 갖고 다니다 보면 그게 당연한 일이 된다. 그러면 학교를 졸업한 뒤 손에 쥐는 월급이 **200**만 원인데 **500**만 원이나 하는 백을 아무렇지도 않게 살 수도 있다. 금전 감각이 마비되었기 때문이다.

비싼 백을 사지 말라는 말이 아니다. 고급스러운 경험을 하는 것은 무척 중요하다. 그러나 적절한 순간, 적절한 시기에 해야 한다. 대출을 받아서까지 살 가치가 정말 있는지 생각해야 한다. 그것이 정말로 돈에 강해질 행동인가를 판단해야 한다.

앞으로 부자가 될 사람은 결코 자식을 호강시키지 않는다. 자식을 호강시키는 것은 좋지 않다고 생각하기 때문이다. 반대로 결국 부를 이루지 못할 사람은 아이를 호강시키고 싶어 하는 듯하다. 자신이 돈에 대해 공부하지 않았다는 방증일 수도 있다.

나에게도 아직 어린아이가 있지만 앞으로도 아이를 호강시킬 생각은 없다. 내 주변의 부자나 성공한 사람들의 자녀를 보아도 그런 인상을 받는다. 자식을 호강시키는 것은 오히려 자식을 망치는 길임을 알기 때문이다. 앞서 말했듯이 금전 감각을 마비시켜 스스로 돈을 통제할 수 없게 된다. 부자나 성공한 사람들은 이런 부작용이 있음을 잘 알고 있다.

짐 로저스도 그렇다. 인터뷰에서 두 딸이 있다고 이야기했는데 그가 아이들에게 준 첫 번째 선물은 저금통이었다. 돈을 모으는 것, 돈에는 이자가 붙는다는 것, 돈은 한 번 써 버리면 없어진다는 것 등을 아이들에게 분명하게 알려 주고 싶었다고 그는 말했다.

그는 인형을 충분히 사 줄 수 있는 상황이었음에도 일부러 아이가 직접 저금통에서 돈을 꺼내 사게 했다. 그럼으로써 돈이라는 것을 아이에게 가르쳐 줬다. 실제로 그의 딸은 그 일로 많은 것을 배울 수 있었다.

그는 아이의 나이가 열네 살이 되면 스스로 돈을 버는 경험을 하게 해야 한다고도 강조했다. 그의 첫째 딸은 열네 살에 스스로 중국어를 가르치는 일을 찾았다. 시급은 **20**달러(한화 약 2만 2,000원)였다. 짐은 다음과 같이 말했다.

"딸아이들이 무슨 일이 있어도 살아갈 수 있도록 가르치고 싶었습니다."

만약 좋은 것만 사고 좋은 것만 입으며 흥청망청 돈을 쓰게

무엇을 아끼고
어디에 투자할 것인가

하면 어떻게 될까? 당장은 사치스러운 생활을 할 수 있어서 기분이 좋을 것이다. 그러나 장래가 곤란해진다. 영원히 그렇게 살 수는 없다. 언젠가는 스스로 돈을 벌어야 한다.

그의 말처럼 아이들에게 가장 필요한 것은 앞으로 무슨 일이 있어도 살아갈 힘을 길러 주는 것이다. 이러한 가르침은 사치를 하게 놔두는 것과는 정반대로 아이가 돈에 강해지게 해 줄 것이다.

내게도 아직 학교 갈 나이가 안 된 아들이 있는데 나는 그 아이에게 회계학을 가르쳐 주고 싶다. 숫자에 강해지기를 바란다. 아직 네 살이지만 구몬 학습지 센터에 다니고 있고 주산도 가르칠 예정이다. 좀 더 크면 이자와 투자에 관해서도 가르쳐 줄 것이다. 돈이 늘어나면 어떤 좋은 일이 생기는지 돈이 늘어나는 즐거움에 대해서도 가르쳐 주고 싶다.

주식 투자를 하게 하는 것도 방법이다. 약간의 돈으로 직접 투자해 보고 그 투자가 잘되어서 돈이 늘어나면 늘어난 몇 퍼센트의 금액으로 아이가 좋아하는 장난감을 직접 사게 하고 싶다. 도와주기야 하겠지만 아이가 스스로 돈을 늘리게 할 예정이다. 자신의 능력으로 돈을 불리면 원하는 것을 손에 넣을 수 있다. 부모에게 부탁하지 않아도 살 수 있다. 그런 경험을 하게 해 주고 싶다.

요즘은 각종 인터넷 사이트를 통해 물건을 쉽게 판매할 수 있다. 낡은 것이 돈이 될 수 있다는 것도 알려 주고 싶다. 게다가 적절한 때 판매하면 더 많은 이익이 난다는 점도 가르칠 것이다. 실제로 아이들에게 인기가 많은 장난감이나 레고 등은 상당한 가격에 거래된다. 나는 어떤 물건을 어떤 시점에 팔면 좋은 가격으로 팔 수 있는지를 아이가 배우길 바란다. 일본에서는 자동차를 구매할 때 신차를 선호하는데 인도에서는 상태가 좋은 중고차를 사는 것이 인기다. 신차의 경우 팔 때 구매한 가격보다 훨씬 낮은 가격으로 팔아야 한다. 하지만 상태가 좋은 중고차는 그 차액이 얼마 되지 않는다. 우리는 항상 자신이 가진 자산을 의식하며 쇼핑을 하지 않는가? 이런 것도 우리 아이에게 가르쳐 주고 싶다.

돈에 관한 교육은 학교에서 해 주지 않는다. 우리가 살아가는데 정말 중요한 것인데도 아무도 가르쳐 주지 않는다. 그래서 돈에 관해 아무것도 모르는 사람이 많다. 그렇다면 부모가 나서는 수밖에 없다.

그리고 또 하나, 일본인을 보면 이상하게 생각되는 점이 있다. 일본인 부모는 자식에게 부담을 주지 않으려는 경향이 지나치게 강하다.

"우리는 우리끼리 잘살 테니까 너희는 너희 생각만 하렴."

이런 식으로 말하는 부모가 한둘이 아니다. 하지만 인도는 그렇지 않다. 부모는 자식에게 "부모가 늙으면 자식이 보살펴야 한단다. 그러니까 네가 우리를 보살피렴"이라고 분명히 말한다. 그리고 아이는 당연히 부모를 보살핀다.

일본의 부모는 이해심이 많고 자식을 배려한다고 할 수도 있겠다. 그러나 내가 보기엔 좀 외로워 보인다. 사실은 자식과 손자를 더 자주 보고 싶을 터인데 그 말을 입 밖에 내지 않는다. 연금에 의지해 살면서 실은 경제적으로 빠듯한 상황임에도 그렇게 말하지 못한다. 10만 원이든 20만 원이라도 좋으니 자식의 도움을 받을 수 있다면 얼마나 기쁠까! 그런데 일본인은 입을 다문다. 그런 내색도 전혀 하지 않는다. 쑥스러워서인지 생색을 내기 싫어서인지 모르지만 속마음을 드러내지 않는다.

분명 기대하는 마음이 약간은 있을 것이다. 그 마음은 말로 표현하지 않으면 자식에게 전해지지 않는다. 자식도 그런 부모의 진짜 마음을 알아차리지 못한다. 자신이 먹고사는 데만 급급해서 그럴 수도 있겠지만 부모를 정신적으로 응원하지도 않는다. 이대로 두면 똑같은 일이 반복될 것이다. 자식이 나이를 먹어 노쇠해졌을 때 본인이 곤란해질 것이다. 이번에는 자신이 외로워진다. 이웃 나라인 한국도 이와 거의 비슷한 정서를 갖고 있다.

나는 내 아들에게 "네가 우리를 보살펴야 한다"고 말한다. 그러면 무슨 일이 일어날까? 자식도 자신의 자식에게 그렇게 말할 수 있다. 그리고 행복한 노후를 보낼 수 있게 된다. 자식은 부모의 도움으로 학교에 가고 먹고살 수 있다. 그러므로 그 은혜에 보답해야 한다. 그것은 결국 자신에게 돌아올 것이다.

4장

일상의 평온을 깨야 한다면
이것은 주객이 전도된 셈이다.
그것을 잃어 가면서까지
돈을 늘리려고 생각하면 안 된다.
그렇게 하면 오래할 수 없다.
또 이성적이고 올바른 판단을 할 수 없다.

우리는 지속할 수 있는
투자 사이클을 만들어야 한다.
즉 장기적으로 돈을 늘리겠다는 자세가 필요하다.

조바심을 낼 필요가 없다.

발이 닿는 곳에는
지갑을 두지 마라
-인도 격언-

앞으로 부자가 될 사람은
이 정도에 매도한다는 규칙을 정한다

결국 부를 이루지 못할 사람은
큰돈을 벌고 싶다는 생각에 규칙을 정하지 않는다

'돈을 늘린다는 건 불가능해.'

'투자 같은 건 무서워서 못해.'

'어려운 일은 하고 싶지 않아.'

꽤 많은 사람이 처음에는 이렇게 불안해 하며 투자 아카데미를 찾아온다. 현재 그중 대다수가 내 강의를 열심히 들어서 흡수하고 크게 변했다. 그들은 이젠 '난 못해'라고 생각하던 것을 할 수 있게 되었다. 행동이 변한 것이다. 반면 안타깝게도 첫 발짝

무엇을 아끼고
어디에 투자할 것인가

을 내딛지 못하거나 제대로 배우지 못하는 사람도 있다. 이 둘의 차이점이 뭘까?

후자에게는 돈을 늘리는 것에 대한 착각이 있다. 그들에게 투자는 도박장에서 돈을 따듯 많은 돈을 들여서 한 번에 왕창 버는 것이다. 하지만 그것은 투자가 아니라 투기다. 가격 변동이 있는 주식 등을 매일같이 매매해서 이익을 늘리는 것이 투자라고 믿는 사람도 있다. 즉 데이트레이딩(단기 매매)을 투자라고 생각한다. 투자 아카데미에서 나는 데이트레이더가 되라고 권하지 않는다. 실은 나도 한때 데이트레이딩을 해 본 적이 있는데 보통 일이 아니다. 나는 이런 일에 적합한 사람이 아니라는 것을 실감했다. 한 번에 큰돈을 벌려고 하거나 온종일 주식 시세를 쳐다보는 일은 내가 권하는 돈을 늘리는 방법이 아니다.

나는 일단은 적게 벌어 보라고 권한다. 돈을 굴려서 늘려야 한다고 생각하는 이유는 지금의 은행 예금 금리가 형편없이 낮기 때문이다. 1퍼센트대의 이자를 받아 언제 돈을 불리겠는가! 그러나 어떤 연유인지 돈을 늘리거나 투자를 한다는 말을 들으면 사람들은 '적어도 8퍼센트 이익은 나야 한다', '15퍼센트는 되어야지'라고 생각한다. 한 주부가 200만 원으로 2억 원을 만들었다는 소식에 솔깃해서 책을 읽고 그대로 따라 하는 사람도 있다. 당연히 그것은 누구나 쉽게 할 수 있는 일이 아니다. 편하게 돈을 벌 수 있는 일은 없다. 그에 상응하는 노력을 하겠다는 각오가 되어 있어야 한다.

물론 돈은 많이 벌수록 기쁘다. 그렇지만 앞에서 말했듯이 수익이 큰 곳에는 큰 위험이 기다리고 있다. 그래서 일단은 적게 벌라고 권하는 것이다. 4퍼센트든 6퍼센트든 좋다. 은행 예금 금리를 생각하면 그 몇 배에 해당하는 수익이다. 은행에 맡겨 두는 것보다는 훨씬 더 돈이 늘어난다. 그 점을 머릿속에 단단히 집어 넣자.

일단은 위험이 적은 상품에 투자하길 바란다. 앞서 소개한 **ETF**도 투자에 입문하기에 좋은 상품이지만 내가 권하는 것은 개별 주식 투자다. 이거다 싶은 종목을 사 두는 것이다.

주식은 주가가 오르기도 하고 내리기도 한다. 주식을 사 놓고 행여 주가가 떨어질까 걱정하는 사람도 있는데 금융 상품의 가격이 오르락내리락하는 것은 자연스러운 일이다. 또 가격 변동이 있어서 이익을 얻을 기회가 생기는 것이다. 그리고 꼭 알아둬야 할 것이 있다. 설령 내가 보유한 주식의 주가가 하락해도 손해를 본 건 아니라는 점이다. 실제로 그 주식을 팔지 않으면 손실이 확정되지 않는다. 계속 보유하다 보면 주가가 오를 가능성이 있다. 주식은 가격이 하락했다가도 오르곤 하기 때문이다. 그러므로 주가가 떨어졌을 때는 계속 갖고 있으면 된다.

　마음 편히 주식을 보유하려면 시간을 내 편으로 만드는 것이 중요하다. 주가가 오르내릴 때마다 일희일비하는 사람은 단기간에 크게 벌려는 사람이다. 장기간에 걸쳐 돈을 벌 생각을 해야 한다.

> **앞으로 부자가 될 사람은**
> **장기간에 걸쳐 돈을 벌려고 한다.**
> 결국 부를 이루지 못할 사람은
> 단기간에 돈을 벌려고 한다.

　장기적으로 수익을 내겠다는 의식을 갖고 있으면 단기적으로 주가가 하락해도 당황하지 않는다. 우직하게 계속 그 주식을 보유하고 있으면 된다. 옛말에 장기 투자는 10년이라고들 했는데 지금은 좀 더 속도가 빠르므로 길면 5년, 짧으면 1, 2년도 좋다. 최소한 그 정도는 들고 있을 생각으로 투자를 시작하자.

　중요한 점이 하나 있다. 뒷장에 자세히 설명하겠지만 단기적 관점이 아닌 장기적 관점으로 분명히 이 회사 주가는 오를 거라는 믿을 수 있는 정보를 갖고 있어야 한다는 점이다. 그런 종목을 사야 한다.

물론 장기적으로 갖고 있기로 했어도 중간에 주가가 슬슬 올라가서 이건 지금 팔아도 되겠다는 순간이 오면 매도해서 이익을 실현해야 한다. 다만 여기 중요한 점이 있다. 규칙을 정해 놓아야 한다. 나는 전통적인 기업의 종목에 투자할 경우 **10~20**퍼센트 오르면 매도하기로 정해 놓았다. 물론 매도한 뒤에 주가가 더 오를 가능성도 있다. 이때 자신이 정해 놓은 규칙에 따라야 한다.

실제로 매도한 뒤에 그 주식의 주가가 더 오르기도 한다. 그러나 반대로 내리기도 한다. '계속 갖고 있으면 더 벌 수 있을 거야'라고 욕심을 내며 매도 시점을 계속 미루다 보면 주가가 단번에 추락하는 일도 종종 있다. 결과적으로 얻을 수 있었던 수익을 놓쳐 버린다. 그렇게 되지 않기 위해서라도 규칙을 정하고 그에 따라야 한다. 앞에서도 말했지만 **10**퍼센트 이익도 은행 예금 금리에 비하면 몇 배에 달하는 큰 액수다.

앞으로 부자가 될 사람은
이 정도에 매도한다는 규칙을 정한다.
결국 부를 이루지 못할 사람은
큰돈을 벌고 싶다는 생각에 규칙을 정하지 않는다.

　나는 그 밖에도 몇 가지 규칙을 정해 놓았다. 나는 신용거래는
하지 않는다. 주식 투자에서는 주식을 담보로 해 그 평가액의 3
배까지 레버리지를 설정할 수 있는 신용거래가 있다. 즉 실제 내
가 가진 것보다 많은 돈을 투입하는 상황이 된다. 이익도 3배가
되므로 크게 벌 기회이기도 하지만 반대로 주가가 크게 내려가
면 자신의 보유 금액이 마이너스가 될 가능성도 있다. 큰 수익을
낼 기회인 동시에 위험도 크기 때문에 신용거래를 하면 엄청난
스트레스를 받을 수밖에 없다. 만에 하나 주가가 폭락하면 일이
손에 잡히지 않는 지경이 된다. 그렇게 되고 싶진 않으므로 나는
신용거래는 하지 않기로 정했다. 아무리 많은 돈을 벌 수 있다
해도 자신에게 맞지 않는 방법으로는 하지 않는다. 이 정도 수익
이면 된다는 정하고 자기 나름의 규칙을 세우고 투자 활동을 할
수 있다면 주식 투자는 결코 무서운 도박이 아니다.

앞서 말했듯 투자에는 '적게 버는 것부터 시작한다', '장기적으로 수익을 낸다'는 방법도 있음을 기억하자. 또 보유 주식이 일시적으로 하락해도 장기 투자라면 걱정할 필요가 없다. 반대로 단기간에 수익을 내려고 하면 가격 변동이라는 위험에 우왕좌왕하게 된다. 수익을 낼 가능성도 있지만 자금을 잃을 위험도 크다. 투자에 드는 시간이 얼마나 중요한가? 장기적인 관점이 얼마나 이점을 제공하는가? 잘 알려진 이야기지만 연이율 8퍼센트로 운용할 수 있다면 1000만 원이 30년 뒤에는 1억 원이 된다.

이것은 부동산 투자도 마찬가지다. 내가 예전에 인도에서 1억 원을 주고 샀던 집이 지금은 12억 원으로 올랐다. 저렴할 때 앞으로 잘될 거라고 예측한 동네에 있는 집을 샀는데 이것이 긴 시간을 들여 가격이 상승한 것이다. 지금도 아시아에는 이렇게 가격 상승이 예상되는 부동산이 많다. 10년, 20년이라는 장기적인 관점에서 보면 높은 가격 상승을 기대할 수 있다.

워런 버핏이《워싱턴포스트》지에 실은 이야기는 장기 투자에 관한 유명한 예다. 30년 전에 그가 투자한 100억 원은 30년 뒤에 1조 원이 되었다. 지금은 배당금만 연간 100억 원이라고 한다. 버핏은《워싱턴포스트》의 주식을 1973년부터 사 모으기 시작했고 약 15년 전인 2004년에 그의 지분은 173만 주로 늘어났다. 이 기간 동안 버핏 회장이 투자한 금액은 총 **1100**만 달러. **1973**년 **27**달러였던 이 회사의 주가는 현재 **598**달러 수준이므로 버핏의 주식 재산은 **10**억 **1000**만 달러에 이른다. 무려 **9,080**퍼센트의 수익률을 올린 셈이다.

　장기적으로 차분히 큰돈을 만들어 갈 수도 있다는 걸 꼭 기억하자.

66

From. Jim Rogers

워런 버핏의 예를 들어 볼까요?
그는 자산 대부분을 60세가 넘어서 획득했습니다.
그는 평생 투자 활동을 해 왔지만
인생의 후반에 최대의 성공을 거뒀습니다.
윈스턴 처칠은 70세를 넘긴 시점에서
영국 총리가 되었습니다.

누구나 이들처럼 될 수 있습니다.
좋아하고 잘 아는 것을 발견하면 성공할 수 있습니다.

99

앞으로 부자가 될 사람은
안전한 돈을 남겨 둔다

결국 부를 이루지 못할 사람은
모든 돈을 위험에 노출시킨다

투자나 돈을 늘릴 때 사람들은 종종 자신이 가진 돈을 전부 위험에 노출해야 한다고 생각한다. 이것은 오해에서 비롯된 생각이다. 오히려 절대 해서는 안 되는 일이며 돈을 늘리기 위해 수익을 노리는 즉 위험에 노출할 돈은 일부로 한정해야 한다.

은행 예금에 그대로 넣어 두는 방법은 '돈이 늘어나지 않는다', '물가가 상승해 인플레이션이 일어나면 실질적으로는 돈이 줄어들게 된다'라는 위험에 노출되는 것이라고 앞에서도 말했다. 그러므로 여러 위험에 대비하는 가장 효과적인 방법은 돈을 분산하는 것이다. 즉 분산 투자다. 좀처럼 이자가 붙지 않지만 원금은 보장되는 예금도 하고 돈을 늘릴 수 있는 투자도 한다. 주식 투자를 할 때도 국내 기업의 주식뿐 아니라 해외 주식도 사 둔다. 주식뿐 아니라 다른 금융 상품도 사 둔다. 이런 식으로 수중의 돈을 분산한다.

그렇게 하면 만에 하나 어느 하나가 크게 하락해도 다른 것으로 구멍을 메울 수 있다.

분산 투자는 먼저 3분의 1씩 분산하는 방법이 있다. 3분의 1은 예·적금 통장에 넣어 두고 안전하게 운용한다. 3분의 1은 **ETF**나 주식 등으로 돈이 늘어날 가능성이 있는 투자를 통해 운용한다. 그리고 나머지 3분의 1은 언제든지 사용할 수 있도록 수중에 놔둔다. 살다 보면 예기치 못한 일이 일어난다. 언제 어떤 일이 일어날지 알 수 없다. 그에 대비하려면 수중에 언제든지 사용할 수 있는 돈을 갖고 있어야 한다. 그렇게 하면 안심하고 일상생활을 할 수 있다.

수중에 3분의 1이나 현금으로 갖고 있다니 아깝기 짝이 없다고 생각할지 모른다. 그 돈도 투자에 돌려서 쥐꼬리만큼이라도 늘려야 한다고 생각하는 사람도 있겠지만 나는 그렇게 생각하지 않는다. 투자에서 가장 나쁜 행위는 마음의 여유를 잃는 것이다. 평정심으로 예상치 못한 상황을 만들지 않아야 한다.

앞서 나는 신용거래를 하지 않는다고 했다. 신용거래로 큰 손실이 나면 어쩌나 신경을 곤두세우게 될 테고 그러면 본래 해야 할 일이 손에 잡히지 않게 될 것이다. 이게 가장 나쁜 상황이다. 물론 돈이 왕창 늘어날 수도 있다. 그러나 그러기 위해서 일상의 평온을 깨야 한다면 이것은 주객이 전도된 셈이다. 하루하루를 충실히 사는 것이 무엇보다 중요하다. 삶을 잃어 가면서까지 돈을 늘리려고 생각하면 안 된다. 그렇게 하면 오래할 수 없다. 또 이성적이고 올바른 판단을 할 수 없다.

우리는 지속할 수 있는 투자 사이클을 만들어야 한다. 즉 꾸준하게 돈을 늘리겠다는 자세가 필요하다. 그러려면 무리하지 말아야 한다. 조바심을 낼 필요가 없다. 일상에 충실하면서 찬찬히 돈을 늘리면 된다.

무리하지 않는 투자라는 점에서 꼭 권하고 싶은 방법이 있다. 바로 재투자다. 예를 들어 주식 투자로 이익을 냈다고 하자. 그러면 그 투자로 얻은 이익을 새로운 투자의 원금으로 돌리는 것이다. 투자로 얻은 돈은 본래는 얻지 못했을지 모르는 돈이다.

그 돈을 다시 투자에 돌리면 원래 갖고 있었던 돈을 위험에 노출하는 것보다는 안심이 된다. 이것이 재투자다.

실제로 돈에 강자가 될 수 있는 사람 중 상당수는 투자로 얻은 돈을 재투자해서 원금을 잃을지도 모른다는 불안을 상당히 덜었다고 말한다. 원금은 그대로 두고 재투자하는 돈을 대담한 방식으로 운용하는 것이다.

"원래 투자를 통해 생긴 돈이니까 만약 손실이 나도 원래부터 없었던 돈이라고 생각하면 되죠. 그런 식으로 생각했더니 오히려 침착하게 투자할 수 있었어요."

반면 결국 부를 이루지 못할 사람은 어쩌다 이익이 나면 그 돈으로 쇼핑을 한다. 그래서는 돈을 재투자할 수가 없다.

> **앞으로 부자가 될 사람은**
> **재투자를 잘 이용한다.**
> 결국 부를 이루지 못할 사람은
> 재투자를 잘 이용하지 못한다.

돈을 가능한 한 위험에 노출하기 싫다면 이렇게 투자로 얻은 돈을 다시 투자에 돌리는 방식을 택하면 될 것이다. 재투자는 돈

무엇을 아끼고
어디에 투자할 것인가

을 크게 늘려 가는 효과적인 방법이다. 원래 이익금으로 쇼핑을 하는 것이 투자 목적은 아니었을 것이다. 돈을 늘리는 것이 목적이다. 쇼핑은 용돈으로 하자.

실은 수중에 있는 3분의 1의 여유 자금에는 또 하나 중요한 의미가 숨어 있다. 그것은 보유 주식이 크게 하락했을 때 효과를 발휘한다. 자신이 보유한 주식이 하락하는 것은 흔히 있는 일이다. 장기적인 안목으로 분명 오를 거라는 생각이 들면 그대로 보유하고 장기 투자를 하면 된다고 앞에서 이미 말했다. 다만 혹시 분명히 더 오를 것이라고 확신한다면 이때가 도전할 기회다. 주가가 하락한 주식을 추가 매수하는 것이다.

예를 들어 100만 원에 산 주식이 70만 원이 되었다고 하자. 이때 70만 원으로 주식을 추가 매수하면 어떻게 될까? 매수한 주식의 합계가 170만 원이므로 한 주에 85만 원으로 매수한 셈이다. 이제 이해했을 것이다. 결과적으로 주당 가격을 낮춘 것이다. 다르게 말하면 이익을 낼 수 있는 허들을 낮춘 것이다. 추가 매수를 하지 않으면 다시 주가가 상승한다 해도 100만 원을 넘어야만 이익이 난다. 그런데 70만 원으로 한 주를 더 샀다면 85만 원을 넘었을 때부터 이익이 난다. 이것은 여유 자금이 있어서 가능한 일이다.

앞으로 부자가 될 사람은
여유 자금을 남겨 둔다.
결국 부를 이루지 못할 사람은
여유 자금을 남겨 두지 않는다.

물론 앞으로 이 주식은 오른다는 확신이 있어야 할 수 있는 투자 방식이다. 수중에 여유 자금이 없다면 아무리 확신해도 불가능한 일이다. 여유 자금이 있으면 투자를 유리한 방향으로 이끌어 갈 수 있다는 말이다.

무엇을 아끼고
어디에 투자할 것인가

앞으로 부자가 될 사람은
잘 아는 업계의 주식을 산다

결국 부를 이루지 못할 사람은
잘 모르는 업계의 주식에 손댄다

"주식 투자를 하고 싶지만 어디에 투자하면 좋을지 모르겠
어요."

처음으로 투자를 하는 사람이 반드시 고민하는 부분이다. 그
럴 때 나는 이렇게 단순한 조언을 한다.

"자신이 잘 아는 곳에 투자하면 됩니다."

자신이 소비자로서 자주 이용하는 업계, 상품이나 서비스를
빈번하게 구매하는 기업, 사업 내용을 알기 쉬운 기업도 괜찮다.

자동차나 비행기 등 전 세계에 잘 알려진 업체나 나라를 대표하는 유명 기업도 좋다. 짐 로저스도 인터뷰에서 "자신이 잘 아는 곳에 투자하라"고 했는데 그것은 장기적으로 성장할 잠재력을 어렴풋하게라도 알고 있을 가능성이 크기 때문이다. 반대로 전혀 모르는 업계나 회사는 앞으로 어떻게 될지 장래성을 점칠 수가 없다. 그러므로 자신에게 친근한 업계에 투자하는 것이 효과적이다.

먼저 장기적인 관점에서 주가 변동을 봐야 한다. 현재 주가가 5년, 10년 주기로 봤을 때 어떤 위치에 있는지 확인하자. 예를 들어 자신도 그 기업의 소비자이고 사회적 평가도 좋으며 장래가 유망하다고 생각하지만 이미 주가가 많이 올라 버린 경우도 있다. 아무리 유명하고 실적이 좋은 기업이라 해도 주가가 급등한 상태라면 나중에 하락할 가능성이 크다. 주가가 고평가되어 있진 않은가? 그 점을 판단하는 것이 대단히 중요하다.

자신이 잘 아는 업계를 선택해야 한다. 이것은 정말 단순한 원칙인데도 막상 투자를 시작하면 그렇게 하지 않는 사람이 꼭 나온다. 어찌된 일인지 남의 의견에 휘둘리는 것이다. 친구가 이 회사가 좋다고 추천했다느니 구매한 잡지에서 이 종목을 권했다느니 게시판에 장래가 유망한 종목이 나와 있다느니 중심을 잡지 못한다. 왜 그 종목을 택했는지를 물으면 이유가 그것뿐이다. 왜 그 종목이 좋은지, 장래가 유망한지에 대해서는 한마디도 설명하지 못한다. "잘 모르겠지만 적어도 두세 배로 오를 거라고 게시판에 쓰여 있었어요"라고 대답하는 사람도 있었다. 심지어 그 회사나 종목을 직접 조사해 보지도 않았다.

인터넷상에는 허무맹랑한 정보가 넘쳐 난다. 특히 쉽게 돈을 벌 수 있다는 이야기에는 신중해야 한다. 해외 투자나 미공개 주식 투자로 한 달 만에 10억 원을 벌었다는 이야기가 아무렇지 않게 돌아다닌다. 하지만 그런 일은 절대 일어나지 않는다. 쉽고 편하게 돈을 버는 방법 따위는 절대 없다는 것을 명심해야 한다.

결국 부를 이루지 못할 사람은 지름길을 찾는다. 투자에 대한 기술적 분석 따위에 빠지는 것도 그래서이다. 차트니 캔들이니 골든크로스니 하며 매매 기법을 분석한다. 물론 기술적 분석이 도움이 되지 않는 것은 아니다. 그러나 나는 보통 사람은 그런 것까지 알 필요는 없다고 생각한다. 그보다는 자신이 이해할 수 있는 것에 투자하는 편이 낫다.

이를테면 워런 버핏은 코카콜라, 맥도날드, 펩시 등 사업 내용이 단순한 기업에 투자한다. 세계 최첨단을 달리는 난해한 기술이나 새로운 산업에 투자한 것이 아니다. 그는 **IT**를 비롯해 어려운 분야를 잘 알지 못하기 때문이다. 그보다는 직접 먹어 보고 맛있다고 느껴서 이건 전 세계에 퍼져 나가겠다고 생각한 종목에 투자했다. 자신이 경험하고 바로 이거라고 생각한 종목에 투자한 것이다.

기술적 기법에 대해 말하면 나는 이미 잘나가는 사람에게 물어봐야 한다고 생각한다. 그런 사람이 가진 정보는 여간해선 외부로 새어 나가지 않기 때문이다.

예를 들어 내가 운영하는 투자 아카데미에 온 수강생 중 7년 만에 **600**만 원을 **30**억 원으로 만든 사람이 있다. 나는 기본적으로 투자로 얻은 이익을 공개하지 않지만 예외적으로 이 사례를 여기에 소개하겠다. 그는 연 **4**억 원에서 **7**억 원의 이익을 낸다고 한다. 나는 신용거래는 하지 않는다는 원칙을 갖고 있지만 그는 경험을 충분히 쌓은 뒤 신용거래를 결심했다. 그리고 노력해서 그만한 성과를 냈다. 그러나 그런 그도 때때로 내게 상담을 청한다.

2017년 말의 일이다. 나는 이미 이익이 충분히 난 상태라면 신용거래를 전액 매도하라고 조언했다. 헤지펀드를 비롯한 투자

전문가들 중 상당수가 12월에 실적을 내고 12월 말부터 1월 중순까지는 휴지기를 갖기 때문이다. 저렴한 종목도 12월이 되면 대개 오른다. 그들이 실적을 내야 하기 때문이다.

반대로 1, 2월에는 조정을 받기 쉽다. 그때는 기관이 털고 일어나 개인 투자자밖에 움직이지 않는다. 큰 금액을 움직이는 기관투자자가 없으면 시장은 쉽게 흔들린다. 실제로 2월에 주식시장이 폭락했다. 그때 마침 싱가포르에 있었던 나는 그에게 곧바로 연락했다. 그는 내 조언에 따라 신용거래분을 전부 연내에 처리했다.

"덕분에 자산을 잃지 않을 수 있었습니다."

그는 만약 그대로 갖고 있었다면 3억 원이나 마이너스가 났을 거라고 했다.

부자는 여러 가지를 알고 있다. 기술적 기법에 의지하기 전에 부자와의 네트워크를 만들어야 한다. 그것이 훨씬 도움이 된다.

또 하나 힌트가 있다고 한다면 경영자다. 좋아하는 경영자, 관심이 가는 경영자가 있는 회사에 투자하는 것이다. 오랫동안 투자 활동을 하다 보면 회사는 경영자에 의해 결정된다는 사실을 새삼 실감한다. 누가 경영하느냐에 따라 회사의 방향성과 실적이 몰라 보게 달라진다. 그러므로 경영자를 보는 것은 아주 중요하다.

요즘은 **SNS**로 그들의 목소리를 직접 보거나 들을 수 있다. 페이스북을 하는 사장도 있고 블로그를 하는 사장도 있다. **SNS**를 보면 그 사장이 무슨 생각을 하는지 알 수 있다.

투자 정보를 쫓는 사람들도 웹사이트 등에서 **IR** 정보를 보거나 게시판을 보는 일은 있어도 사장의 **SNS**를 보지는 않는 듯하다. 그러나 나는 사장 자신이 발신하는 메시지를 보는 것이 대단히 중요하다고 생각한다. 물론 발신 내용도 중요하지만 발신하는 것 자체에서 사장과 회사의 활기를 느낄 수 있다. 그렇게 기업의 온도를 몸소 느끼는 것도 투자처를 선택할 때 아주 중요한 판단 자료가 된다.

나 역시 **IR** 정보는 꼼꼼하게 본다. 사계보도 챙겨 보고 회사의 계간지도 확인한다. 특히 투자가 구성에서 외국인의 비율과 투자신탁 비율을 눈여겨본다. 이 두 가지 투자 비율이 크면 시장의 신뢰도가 높다고 판단할 수 있기 때문이다. 또 경영자가 자신의 주식을 대량으로 매도하진 않았는지, 외국인 투자자가 이 주식을 매도하진 않았는지도 확인한다. 시가총액, **PER**, **PBR**과 같은 지표도 본다.

누구나 볼 수 있는 숫자다. 감각적인 요소를 알고 싶을 때는 경영자의 **SNS**가 무척 효과적이다.

앞으로 부자가 될 사람은
주식이 내려갔을 때 산다

결국 부를 이루지 못할 사람은
주식이 올랐을 때 산다

"어떻게 하면 수익을 낼 수 있을까요?"

이런 단순한 질문을 받으면 나는 항상 이렇게 대답한다.

"싸게 사서 비싸게 팔면 됩니다."

사실 이것은 모든 비즈니스에 적용되는 방법이다. 싸게 사서
비싸게 팔면 그만큼 많은 이익을 얻는다.

앞으로 부자가 될 사람은 그 점을 알고 있으므로 싸게 살 수
있는 시점에 행동한다. 반면 결국 부를 이루지 못할 사람은 그렇

무엇을 아끼고
어디에 투자할 것인가

지 않다. 다른 사람과 같은 행동을 한다. 그래서 주가가 오르는 시점에서 모든 사람이 살 때 자신도 산다. 주가가 더 오를 거라고 예상하며 말이다.

모두 그 주식을 샀으니 안심이라고 생각할 수도 있다. 지금까지 올랐으니까 더 오를 거라고 생각했을지도 모른다. 그러나 모든 이가 그 주식을 살 때는 주가가 이미 오를 대로 올랐을 때다. 그때까지 상승했다는 것은 주가가 하락할 위험이 커졌다는 뜻이다. 그런데도 결국 부를 이루지 못할 사람은 그 주식을 산다.

전형적인 예가 거품이다. 세계 어느 나라건 과거의 역사를 봐도 거품은 반복적으로 형성되었다. 주가가 상승해 과열 양상을 보이는데도 사람들은 오히려 이미 높은 가격의 주식을 앞다퉈 매수했다. 결과적으로 주식을 비싸게 산다. 싸게 사서 비싸게 파는 것이 수익을 내는 방법인데도 말이다.

그들은 항상 정반대 행동을 한다. 거품은 매도해야 하는 시기다. 반대로 기회는 주가가 낮을 때 즉 하락했을 때 온다.

**앞으로 부자가 될 사람은
주식이 내려갔을 때 산다.**

결국 부를 이루지 못할 사람은
주식이 올랐을 때 산다.

　어떤 이유로 시장이 폭락했을 때가 절호의 매수 기회다. 리먼 브라더스 사태가 그 전형적인 예다. 최근에는 영국의 **EU** 탈퇴가 초래한 브렉시트 사태, 트럼프 대통령이 취임했을 때 일어난 트럼프 쇼크 등이 있다. 금리 인상이 시장을 흔들기도 한다. 1년에 몇 번씩 이런 일은 반드시 일어난다.

　주식시장 폭락은 중대한 뉴스로 다뤄진다. 사람들은 투자자가 충격을 받았을 거라고 생각하지만 앞으로 부자가 될 사람은 그렇지 않다. 물론 보유한 주식의 가격이 하락했을 수도 있겠지만 앞서 말했듯이 그것은 매수 타이밍이기도 하다. 말하자면 갑자기 찾아온 바겐세일이다. 그러므로 단숨에 매수하러 간다. 나도 그렇다. 폭락은 투자자에게는 절호의 쇼핑 찬스다.

　사실 실적은 그대로인데 시장 전체가 흔들렸다는 이유만으로 주가가 떨어진 주식은 대체로 단기간에 제자리로 돌아온다. 예를 들어 브렉시트 사태가 일어났을 때 7만 원대였던 도요타 자동차의 주가는 5만 원 이하로 폭락했다. 나는 '이런 좋은 기회가 있나!' 하고 4만 9,000원에 주식을 사들였다. 자동차 업계는 **20**

퍼센트 오르면 판다는 원칙을 정해 놨으므로 6만 원을 찍기 전에 매도했지만 그 주식은 그 뒤로도 더 많이 올랐다. 자동차 부품 제조업체인 덴소도 4만 원대에서 3만 4,000원까지 내렸을 때 매수해서 4만 원대 후반에 매도했다. 지금 그 주식은 6만 원대다.

주가가 폭락했을 때 사려고 해도 추가 하락할지도 모른다는 공포에 엄두가 나지 않을 수도 있다. 그러나 그 기업 자체에 문제가 없다면 대부분은 원래 주가를 회복한다. 여기서 중요한 것은 조바심을 내지 않는 것이다. 주가가 회복되려면 시간이 걸린다. 그러므로 당장 이익을 내고 싶어 안달하지 말고 그때까지 인내해야 한다. 장기적 관점에서 때를 기다리면 이익을 얻을 수 있다.

도요타 자동차든 뭐든 주가가 안정된 뒤 6만 원대에 매수하려는 사람이 있다. 아니면 덴소를 6만 원대에 사려고 한다. 물론 약간은 오를 수도 있겠지만 장기 투자를 염두에 둬도 이익을 낸다는 것은 그리 간단한 일이 아니다. 그러므로 시장 전체가 폭락하는 바겐세일 시기를 주시해야 한다.

또 하나 가격 상승이 기대되는 것은 신생 기업 주식이다. 나는 신생 기업의 주식 투자를 가장 많이 한다. 도쇼1부(한국의 코스피)의 안정적인 종목이 아니라 마더스(한국의 코스닥)에 상장된 젊은 기업을 노린다. 기회가 될 때는 신규 공개주를 공개 전에 공모를 통해 산다. 물론 종목 내용에 따라 다르지만 신규 공개 후 주가가 급등하는 일도 적지 않다. 두세 배로 뛰어오르는 일도 종종 있다. 단 가격 변동도 그만큼 심하기 때문에 장기적인 관점으로 봐야 한다. 그리고 자신의 내면에 이만큼 오르면 매도한다는 원칙을 정하고 철저히 이행해야 한다. 그렇게 해야 매도 시기를 놓치지 않을 수 있다. 신생 기업도 욕심을 부리면 큰 위험에 노출되니 말이다.

싸게 사서 비싸게 판다. 이것은 부동산 투자도 마찬가지다. 리먼 브라더스 사태가 터지자 주가 폭락에 이어 부동산도 폭락했다. 그때 폭락한 부동산을 쓸어 모은 사람들은 지금 엄청난 부자가 되었다. 미국에도 일본에도 많이 있다. 주식처럼 부동산도 폭락했을 때가 쇼핑 찬스다. 헉 소리가 나올 정도로 싸게 살 수 있다. 그리고 시간을 들여 기다리면 된다.

부동산이 크게 오를 가능성이 있는 신흥국에 대한 투자도 싸게 사서 비싸게 팔 수 있는 투자다. 인도에서 1억 원 정도에 산 부동산이 10억 원을 넘었다고 앞에서도 말했는데 신흥국에 부동산 투자를 하면 이런 일은 충분히 일어날 수 있다. 베트남이나 캄보디아를 비롯해 앞으로 큰 가능성을 지녔지만 아직 부동산이 저렴한 국가는 투자 대상이라는 측면에서 무척 매력적이다.

다만 이때 장소를 잘 정해야 한다. 매력적인 장소를 고를 수 있는지가 관건이다. 또 일반인이 구매할 수 있는 물건에 투자해야 한다. 일본인은 종종 부자가 아니면 살 수 없는 고급 물건에 투자한다. 하지만 그러면 매수자가 한정된다. 큰 가격 상승을 기대하기도 어렵다. 일반인도 거주할 수 있는 부동산에 투자해야 한다. 시장의 파이가 큰 것은 시간이 가면 가격이 껑충 뛰어오른다. 앞으로 일어날 나라에 투자해 두면 10~20년 뒤에 큰 자산이 될 가능성이 있다.

결국 부를 이루지 못할 사람은 사람들이 도망칠 때 같이 도망친다. 그 결과 무리하게 매도해서 큰 손실을 입는다. 이것은 최악의 행동이다.

나는 일본의 회사에서 근무하는 사람 특히 대기업에 근무하는 사람이 쉽게 부자가 될 방법은 부동산 투자라고 생각한다. 다달이 손에 쥐는 월급은 그렇게 많지 않을 것이다. 그런데 일본은 세계 1위를 다투는 저금리 국가다. 만약 내가 대기업 직원이고 연봉이 5000만 원을 넘는다면 부동산 투자를 시작하겠다. 그들은 부동산을 살 때 대출을 받을 수 있다. 기업과 수입이 안정적이므로 전혀 어려운 일이 아니다. 다만 이른바 투자용 물건을 사는 것은 권하지 않는다. 제대로 공부해서 일반적인 부동산을 사야 한다. 좋은 물건을 손에 넣어 살다가 나중에 다른 사람에게 빌려주면 된다. 그때 들어오는 돈으로 대출금을 갚는다.

상당수의 경우 대출을 받을 때는 장기 대출을 받는다. 예를 들어 도쿄 등 도시의 부동산이라면 임대 수입이 대출 금액보다 더 크다. 그 차액이 새로운 수입이 된다. 매월 수입이 생기는 것이다. 부동산 투자에 관해 문제가 생기기도 하지만 이것은 업자에게 맡겨 놓기 때문이다. 임대 보증 같은 말도 안 되는 약속을 믿기 때문이다. 그러므로 반드시 스스로 공부해야 한다. 그 지역의 인구 증가 예측과 빈집 비율은 어느 정도인지, 유동 인구는 얼마나 있는지 같은 데이터는 얼마든지 입수할 수 있다. 그렇게 직접 조사해서 일반적인 물건을 사는 편이 좋다. 그리고 매월 들어오는 수입을 모아서 해외의 신흥국에 투자한다. 동남아시아에서 앞으로 **GDP**, 인구, 개인 소득, 소비가 증가하고 인프라가 좋아질 곳에 작은 부동산을 사 두는 것이다. **5, 6000**만 원 정도로도 살 수 있다.

신흥국 부동산 투자야말로 **10**년 뒤에 네다섯 배의 가격 상승을 기대할 수 있다. 돈에 강자가 되면 그런 투자도 차분하게 할 수 있다.

무엇을 아끼고
어디에 투자할 것인가

앞으로 부자가 될 사람은
차근차근 단계를 밟아서 부자가 되려 한다

결국 부를 이루지 못할 사람은
서둘러 부자가 되려 한다

부자와 성공한 사람, 투자 아카데미에 찾아온 앞으로 부자가 될 사람들을 보면서 느낀 점이 있다. 그들은 돈을 무척 소중히 다룬다는 점이다. 대부분 장지갑을 사용하는데 그것은 돈을 접어서 넣고 싶지 않기 때문이다. 그들은 돈을 지갑에 넣을 때도 무척 조심스레 넣는다. 돈이 구겨지도록 쑤셔 넣거나 접어서 넣지 않는다. 지갑을 소중히 여긴다는 사람도 많았다. 나도 지갑을 빵빵하게 채운 상태를 싫어한다고 말했는데 성공한 사람들은 나보다 더 지갑을 조심스레 다룬다. 그들은 지갑을 아무 데나 내팽개치거나 던지지 않는다. 가방에 넣을 때도 조심해서 넣는다.

생각해 보면 돈도 지갑도 자신의 일상생활을 지지해 주는, 어떤 의미에서는 신과 같은 존재다. 그렇다면 당연히 그 신을 소중히 해야 한다. 매일 소리 내어 감사해야 할 정도로 말이다.

> **앞으로 부자가 될 사람은**
> **지갑을 소중하게 다룬다.**
> 결국 부를 이루지 못할 사람은
> 지갑을 소중하게 다루지 않는다.

인도에 '발이 닿는 곳에는 지갑을 두지 마라'는 말이 있다. 책도 두지 않는다. 지갑이나 책이 들어 있는 가방도 두지 않는다. 인도인들은 자신의 돈과 지혜를 얻을 수 있는 것이라면 무엇이든 아주 소중히 다룬다. 길바닥에 책을 떨어뜨리면 책에 사과하는 사람도 있다.

한 부자는 이런 식으로 말한다.

"돈은 연인처럼 대해야 한다. 그렇지 않으면 돈은 연인처럼 귀하게 대하는 사람에게 도망가기 때문이다."

무엇을 아끼고
어디에 투자할 것인가

돈과 지갑을 소중히 다루는 일. 먼저 이것부터 실천해 보자.

부자가 되고 싶어 하는 사람은 많다. 개중에는 중요한 단계를 훌쩍 건너뛰고 부자가 되고 싶어 하는 사람도 적지 않다. 그러나 부자가 되려면 단계를 밟아야 한다. 그 과정에서 여러 가지를 깨닫고 변화되기 때문이다. 단계를 밟아야만 부자가 되기에 적합한 사람으로 변화할 수 있다.

어느 날 갑자기 부자가 되면 어떻게 될까? 아직 많은 것이 변하지 않고 그대로인 채 말이다. 준비가 미흡한 상태라는 말이다. 그들에게는 로또에 당첨된 사람의 말로와 같은 일이 일어난다. 돈을 쓰지 말아야 할 곳에 쓰고 자신을 통제하지 못해 결국 신세를 망치고 만다.

부자가 되려면 부자가 될 자격이 있게끔 제대로 준비해야 한다. 그러기 위해서도 시간을 들여 단계를 밟아 가야 한다.

**앞으로 부자가 될 사람은
차근차근 단계를 밟아서 부자가 되려 한다.**
결국 부를 이루지 못할 사람은
서둘러 부자가 되려 한다.

하루아침에 억만장자가 될 수는 없다. 조금씩 조금씩 경험과 지식을 쌓으며 자산을 늘려야 한다.

처음에는 소액을 적립하는 것부터 시작하자. 그런 뒤 적은 돈으로 주식 투자를 시작한다. 자신이 들어 놓은 보험 상품의 내용도 다시 한 번 확인하자. 종신보험을 들어 놓지만 60세 만기임에도 그 내용을 제대로 알지 못하는 사람이 적지 않다. 대체 어떤 점이 보장되는지 꼼꼼히 확인해 보자.

또 저금리를 활용해 부동산 투자에도 도전해 보자. 해외 부동산에도 도전해 보자. 조금씩 자산이 늘면서 이윽고 10억 원 정도의 자산이 형성된다. 그러면 엔젤 투자자로서 젊은 창업자를 응원할 수도 있다. 갑자기 1000만 원을 투자하려면 용기가 필요하다. 10만 원도 좋고 20만 원도 좋다. 실제로 많은 사람이 그렇게 시작해서 억 단위의 자산을 형성했다. 여기서 중요한 것은 차근차근 단계를 밟아 나가는 과정이다. 시간을 들여 천천히 계속 배워 가며 부자를 향한 길을 걸어가자.

부자가 되려면 또 한 가지 운이 있어야 한다. 그러려면 운을 내 편으로 만들어야 한다. 의식적으로 운을 내 편으로 만드는 행동을 하자.

한 예로 현관이 더럽다고 했을 때 그런 집에 돈이 들어가고 싶을까? 이것은 회사도 마찬가지이지만 현관 입구는 신이 언제든지 들어갈 수 있는 길이다. 그 길이 더러우면 신은 들어가야 할지 말아야 할지 주저하게 된다. 현관을 깨끗이 하고 화상실을 깨끗이 하고 결과적으로 집을 깨끗이 한다.

그런 것이 돈과 무슨 상관이 있느냐고 의아해 할지도 모르지만 나는 상관이 있다고 생각한다. 부자의 집은 과연 어떻게 되어 있을까? 더럽고 어질러져 있을까? 그렇지 않을 것이다. 이런 것도 부자가 되기 위한 준비다.

집뿐일까? 청결하고 단정한 차림을 한 사람과 지저분한 차림을 한 사람이 있다면 돈은 누구에게 다가가고 싶을까?

앞으로 부자가 될 사람은
현관을 깨끗이 한다.
결국 부를 이루지 못할 사람은
현관이 지저분해도 내버려 둔다.

운이라는 측면에서 볼 때 나는 부자가 된 사람, 성공한 사람의 운을 받는 것이 중요하다고 생각한다. 그러려면 그들의 행동이나 생각을 따라 해야 한다. 그들이 쓴 책을 여러 권 읽어 보는 것도 좋은 방법이다. 성공한 사람이 습관화한 행동이나 사고방식을 제대로 이해하고 중요시해야 한다.

그중 하나가 감사하는 습관이다. 내가 신세를 진 사람에게 감사한다. 부모님에게 감사한다. 조상에게 감사한다. 감사하는 것은 소중히 생각하고 귀하게 대한다는 뜻이다.

나는 신에게도 감사한다. 부자나 성공한 사람 중 상당수는 자기만의 신을 만나러 간다. 1년에 한 번, 새해 첫날 행운을 기도하기 위해 가는 사람이 대부분이겠지만 부자와 성공한 사람은 그들이 신성시하는 곳에 찾아간다.

나는 새해 첫날은 물론 석 달에 한 번씩은 나만의 공간을 방문한다. 새해 첫날에는 이세신궁[伊勢神宮](일본 미에 현 이세 시에 있는 신궁으로 해마다 600만 명에 달하는 참배객이 찾는다)에 석 달에 한 번은 아타고신사[愛石神社](일본 큐슈 지역의 3대 신사 중 하나로 후쿠오카에 있다)에 간다. 신사에 소원을 빌러 간다고 생각하는 사람이 적지 않지만 앞으로 부자가 될 사람은 그렇게 생각하지 않는다. 그들은 감사하러 간다. 평온한 하루하루를 보낼 수 있는 것을, 아이가 건강히 자라는 것을, 비즈니스에 성공한 것을 감사하러 간다.

무엇을 아끼고
어디에 투자할 것인가

앞으로 부자가 될 사람은
일상적으로 본인만의 신에게 감사하러 간다.
결국 부를 이루지 못할 사람은
새해 첫날에만 신에게 소원을 빌러 간다.

예배당이든 절이든 신사든 예를 갖추고 무언가를 바라고 감사하는 곳들에는 좋은 기가 흐른다. 그런 곳에 감사를 드리면 마음이 정화되는 것을 느낀다. 또 겸손해진다. 올바른 일을 하자는 마음이 든다. 적당히 대충하지 말아야겠다고도 생각하게 된다. 그런 기분이 들기에 부자나 성공한 사람들이 신을 만나기 위한 감사의 장소에 자주 가는 것인지도 모르겠다.

나 역시 기도하는 곳을 정해 둔 후 언제나 감사하는 마음으로 살고 있다. 다른 누군가에게 감사한다. 그 또한 부자가 되는 단계다.

66

From. Jim Rogers

교육 수준이 높은 사람만이 성공하진 않습니다.
실제로 월가에는 대학을 나오지 않은 사람도 많이 있습니다.
영리한 사람이 반드시 성공하는 것은 아닙니다.
재능 있는 사람이 반드시 성공하지도 않지요.
미모를 가진 사람이 꼭 성공한다는 보장도 없습니다.

성공의 요소를 하나만 꼽는다면
포기하지 않고 끝까지 하는 것입니다.
주위를 둘러보면 그 진실을 깨달을 수 있을 겁니다.

99

5장

'세계 3대 투자가'
짐 로저스와의 특별 인터뷰

이 책은 짐 로저스와의 만남에서
영감을 받아 태어났습니다.

이런 이유로 짐에게
독자를 위한 특별 인터뷰를 요청했고
그는 흔쾌히 수락했습니다.

짐 로저스가 우리 모두에게 전하는 내용입니다.

1. 금융업계에서 놀라운 실적을 쌓으셨죠. 왜 그 세계에 들어갔나요?

저는 미국 남부 지역인 앨라배마 주의 작은 마을에서 자랐습니다. 어릴 적부터 학교와 공부를 정말 좋아했죠. 그 덕분인지 뉴욕의 유명 대학에 장학금을 받고 진학할 수 있었습니다. 대학에서 젊은이 대부분이 그렇듯 저 역시 진로를 놓고 고민했습니다. 로스쿨에 갈 것인지 의학부에 갈 것인지 아니면 비즈니스 스쿨에 갈 것인지를 두고 말이죠.

그러던 어느 여름날 우연히도 월가에서 일하게 되었어요. 월가의 일에 대해 아는 바가 없던 저는 주식과 채권이 뭐가 다른지도 몰랐습니다. 다행히 일하는 데는 지장이 없었습니다. 전 그곳에서 알게 된 사람들과 금세 친해졌습니다. 일의 능률도 올라갔고 그러면서 서서히 일에 매혹되었습니다. 세계정세를 배우고 미래에 관한 예측을 하면 그 대가로 돈을 받을 수 있었으니까요. 이렇게 훌륭한 일이 또 있을까 하고 생각했습니다. 그것은 엄청난 충격이었습니다. 저는 일을 하고 있다는 인식조차 하지 못했으니까요. 그저 매일 아침 벌떡 일어나 내가 좋아해 마지않는 일을 했을 뿐입니다. 정말 흥분되었습니다.

이 순간부터 다른 선택지는 생각하지도 않았습니다. 가난한

어린 시절을 보낸 탓에 돈을 많이 벌고 싶었어요. 그래서 좋은 일자리라고 불리는 좋은 기업만 떠올렸는데 이제는 즐겁게 일하면서도 큰돈을 버는 방법을 알게 된 거죠.

저는 인간관계나 회사 실적이 잘 풀리지 않아 고민하는 사람이 일에 관해 조언을 구하면 항상 이렇게 말합니다.

"열정을 쏟을 수 있는 일을 해야 합니다."

열정을 쏟을 수 있는 일을 하는 사람은 일하고 있다 또는 부림을 당한다는 감각이 아예 없습니다. 하고 싶은 일에 열정을 쏟고 있을 뿐이죠. 그런 사람은 성공 여부와 상관없이 무척 행복해 보입니다.

무엇을 아끼고
어디에 투자할 것인가

2. 그 후 크게 성공을 거뒀는데 성공의 가장 큰 이유가 뭐라고 생각하나요?

뼈아픈 실패를 경험한 것이죠. 월가에서 일을 시작했을 때 제 수중에는 엔화로 환산하면 6만 엔(약 60만 원) 정도밖에 없었어요. 투자에는 까막눈이었죠. 하지만 그 일을 좋아한다는 것은 분명했죠.

저는 최대한 돈을 모아서 좋은 상품이 있으면 투자하기로 했습니다. 첫 2년 정도는 술술 풀렸어요. 수익도 많이 냈죠. 아주 간단한 일이라는 생각이 들었습니다. 한편으로는 다른 사람이 손실을 낼 때 저는 큰 이익을 얻었으니 '내가 현명한 거구나' 하는 생각도 했습니다. 하지만 4개월 뒤 모든 것을 잃게 됐고 처음부터 다시 해야 했어요.

저는 시장에 무지했습니다. 실패를 통해 저는 제 자신이 무지했다는 것을 배울 수 있었습니다. 많이 공부해야 하는구나. 제대로 돈을 모아야 하는구나. 올바른 대상을 찾을 때까지 기다려야 하는구나. 모든 것을 잃는 것, 실패하는 것은 전혀 나쁜 일이 아닙니다. 그 실패에서 무언가를 배우면 오히려 잘될 수 있으니까요. 물론 실패는 되도록 젊을 때 하는 편이 낫겠죠?

3. 앞으로 위기가 닥칠 거라는 사람도 있지요. 짐은 위기를 어떻게 감지하고 있나요?

영국은 하나의 예일 뿐입니다. 이제부터가 시작입니다. 미 대통령은 선거 유세 때부터 여러 나라를 상대로 무역 전쟁을 벌이겠다고 선언했습니다. 중국, 멕시코, 일본도 예외는 아닙니다. 그 선언이 실제로 이뤄지면 미국을 포함한 여러 나라가 대단히 곤란한 상황에 빠질 겁니다.

우리가 확인한 사실 중 하나는 사람들은 대부분 역사를 제대로 배우지도, 활용하지도 못한다는 점입니다. 지식과 교양을 쌓아 온 사람들조차 이번에는 다르다 또는 자기들만은 거기서 잘 빠져나갈 수 있다고 믿습니다. 하지만 역사상 무역 전쟁에서 승자는 없었습니다. 파탄이나 파산이라는 끔찍한 상황이 기다리고 있죠. 트럼프 대통령이 선거 유세에서 말한 바를 실행한다는 것은 대단히 위험하다는 뜻입니다.

위기를 감지하려면 그것이 기업이든 국가든 갑작스러운 변화가 있는지를 봐야 합니다. 특히 통화 시장을 봐야 합니다. 환율이죠. 대개 통화 시장에서 신호가 옵니다. 더불어 채권시장도 주목해야 합니다. 금리가 오르죠. 이 두 곳에서 커다란 변동을 보

무엇을 아끼고
어디에 투자할 것인가

이면 의심해 봐야 합니다. 금리가 오르면 특히 주의해야 합니다. 수많은 기업에서 문제가 일어날 수 있습니다. 항상 생각지 못한 국가나 기업에서 일이 터집니다. 눈사태처럼 말이죠.

성장하는 국가, 성공한 국가는 항상 문을 열어 두고 있습니다. 제가 지금 사는 싱가포르가 그렇죠. 싱가포르는 성공한 사람들에게 입국을 요청했습니다. 지속적으로요. 그렇게 크게 성공한 국가가 되었습니다. 40년을 돌아봤을 때 가장 성공한 나라라고 할 수 있죠. 반면 바로 옆에 있는 미얀마라는 나라는 어떤가요? 버마라고 불리기도 한 이 나라는 1962년에만 해도 아시아에서 가장 풍요로운 나라였습니다. 그러나 쇄국정책을 펼쳤죠. 그리고 50년 뒤 아시아 최빈국으로 전락했습니다. 미얀마도 앞으로는 변하겠지요.

문호를 개방하고 이민을 받아들이는 것은 항상 국가에 좋은 효과를 가져왔습니다. 국가에는 새로운 두뇌와 에너지, 아이디어와 자본이 필요합니다. 역사 속에서 문을 닫은 국가는 항상 50년, 100년 뒤에 괴로워했습니다. 빗장을 걸어 잠근 당사자들은 이미 죽은 뒤죠. 싱가포르는 사람들에게 고개 숙여 자기 나라에 오라고 부탁했습니다. 버마는 정반대였죠. 그와 같은 사례는 얼마든지 있습니다.

투자가는 저가로 매수해야 한다는 말이 있죠. 만약 투자를 한다고 했을 때 싱가포르는 좋은 선택지가 아닙니다. 살기는 좋지만 이미 저가가 아니니까요. 투자가에게는 저가인 미얀마가 더 좋지요. 과거 50년 동안 나락으로 떨어져 물가가 아주 저렴합니다. 그런데 자원은 풍부하고 가까이에 태국과 중국이 있지요. 무엇보다 그들은 변화를 꾀하고 있습니다. 전쟁이든 무엇이든 많은 변화를 겪은 나라는 급성장할 가능성이 높습니다. 얼마 전에 들려온 흥미로운 소식이 하나 있었죠. 미얀마에 증권거래소를 열었다는군요.

일본은 제가 무척이나 좋아하는 나라입니다. 제 책에도 쓴 적이 있고 사람들에게도 긍정적으로 말하고 있죠. 그러나 지금 일본의 상황은 좋지 않습니다. 먼저 인구가 감소하고 있어요. 역사상 처음이죠. 더불어 채무가 점점 증가하고 있습니다. 출산율을 높이거나 이민을 늘리지 않으면 인구가 계속 줄어들 겁니다. 대단히 염려스러운 상황입니다.

더욱 걱정인 점은 상황이 반전될 징조가 보이지 않는다는 데 있습니다. 이대로라면 안타까운 미래만이 그들을 기다릴 겁니다. 50년 뒤에는 일본에서 더 이상 초밥을 먹지 못할 수도 있어요. 무척 슬픈 일이죠. 그동안 되풀이된 일이기도 합니다. 문을 잠근 나라는 추락하는 법입니다. 일본은 역사를 통해 그 점을 배워야만 합니다.

저는 일본의 ETF 상품에 투자하고 있습니다. 얼마나 보유할지는 모르겠습니다. 만약 일본의 주식시장에 조금 더 확신을 가질 수 있다면 투자 비율을 높이겠죠. 일본의 주식시장은 과거 최고가의 50퍼센트 수준입니다. 미국은 무척 고가인 상태이므로 비교를 하면 일본의 주식은 저평가되어 있다고 할 수 있죠. 만약 최고가로 돌아간다면 두 배 가까이 오르는 셈이니까요. 그렇게 될 거라고 암시하는 건 아니지만 그렇게 되어도 이상하지 않은 것은 사실입니다. 낙관적인 상황이 계속될 때 말이죠. 문제는 현재 일본 은행이 계속 돈을 찍어 내고 주식을 사들이고 있다는 데 있습니다. 분명 일본에게는 좋지 않은 일입니다.

역사를 돌아보면 올림픽에서 많은 것을 얻고 유산을 남긴 국가는 생각보다 많지 않습니다. 국가나 기업이 올림픽에서 무언가를 지속적으로 얻으리라는 생각을 저는 하지 않습니다. 올림픽을 좋아하는 사람은 정치인입니다. TV에 자주 얼굴이 나오니까요. 그들은 친구들에게 본인을 과시하고 싶어 합니다. 그뿐입니다. 역사상 올림픽이 경제에 크게 이바지한 경우는 없습니다.

사회 인프라나 각종 시설을 세우는 사람들이야 아주 행복할 테죠. 호텔 경영자도 두어 달은 기분이 좋겠죠. 올림픽과 관련한 특정 지역도 도움이 될 겁니다. 하지만 그 특정 지역이 아닌 지역은 크게 도움을 받지 못할 겁니다.

올림픽이 열린다는 사실은 누구나 알고 있죠. 그 자체로 그리 특별한 일은 아닙니다. 저는 올림픽과 상관없이 일본의 관광 산업을 눈여겨보고 있습니다. 엔화가 저평가되어 있고 중국은 개방적인 태도를 보이고 있습니다. 중국인이 국외로 돈을 반출하기도 수월해졌고 엔화가 약세이니 일본을 찾는 것은 당연한 흐름입니다. 무엇보다 일본은 서비스가 훌륭하죠. 물론 올림픽과는 상관없는 일입니다.

먼저 투자를 섣불리 하지 말라고 조언하겠습니다. 투자에 대한 지식이 없는 상태에서 투자하는 것은 금물입니다. 먼저 배워야 합니다. 그동안에는 저축을 하십시오. 돈을 모으는 거죠. 제 말을 들을 필요는 없습니다. 누구의 말도 듣지 마십시오. TV에 나오는 말도 신문 기사도 믿지 마세요.

투자의 기본은 자신이 잘 아는 분야에서 시작하는 것입니다. 누구나 잘 아는 분야가 하나쯤은 있습니다. 패션일 수도, 자동차일 수도, 스포츠일 수도 있죠. 그것부터 시작하세요. 패션을 잘 아는 사람이면 패션에 대해 여러 가지를 알고 있을 겁니다. 투자하고 싶다면 패션에 내해 더 공부하세요. 지식을 더 쌓아야 합니다. 그러면 패션 분야에서 어떤 좋은 일이 일어나는지 다른 사람보다 빨리 정보를 파악할 수 있습니다. 그때 투자를 시작하면 됩니다. 긍정적인 일이 일어날 것 같다고 파악될 때 투자를 생각해야 합니다.

잘 모르는 분야에 손을 대는 건 저급한 투자 방식입니다. 어떤 사람이 말해서 어떤 종목을 샀다면 크게 실패할 겁니다. 말한 당사자가 설령 저라고 해도 말이죠. 사람들은 "이걸 사면 대박이

날 거야!" 하고 누군가 말해 주길 바랍니다. 그러나 저는 누구에게도 정보를 받으면 안 된다고 생각합니다. 자신을 따라야죠. 쉬운 길을 찾고 싶은 마음은 이해합니다만 안타깝게도 쉬운 길은 애초에 없습니다. 젊을 때건 나이가 들었을 때건 내가 잘못을 저지르는 때는 언제나 다른 사람이 한 말을 신경 썼거나 잘 몰랐거나 제대로 공부하지 않았을 때입니다. 두려움을 갖고 조사하고 공부해야 합니다. 그동안에는 결정적인 순간이 올 거라 믿으며 조금이라도 많은 돈을 갖고 있게끔 절약해야 합니다.

7. 정보 수집을 하는 방법이 있을까요? TV 뉴스가 도움 될까요?

저는 뉴스를 웬만하면 보지 않습니다. 뉴스에서 배울 점이 많지 않기 때문이죠. 집에는 **TV**도 없습니다. 사실 **TV** 뉴스는 오락거리에 불과합니다. 거의 전 세계 방송이 그렇죠. 대중매체는 사람들이 시청해야 돈을 법니다. 그들의 목적은 사람들에게 유용한 정보를 제공하는 데 있지 않습니다. 사람들을 즐겁게 하는 데, 시선을 끄는 데 있죠. 물론 정보를 필요로 하기에 인터넷으로 뉴스를 보긴 합니다만 대개는 시간 낭비입니다.

우린 진짜 정보원을 확보해야 합니다. 정보를 **TV**에 나오기 전에 알고 있어야 합니다. 제가 정보를 입수하는 곳은 인터넷입니다. 어떤 주제든 아무리 깊은 지식도 인터넷으로 찾을 수 있습니다. 사람, 기업, 국가를 조사할 수 있습니다. 당신이 알고 싶은 그 어떤 정보든 찾을 수 있습니다. 알고 있습니다. 단호하게 말하지만 쉬운 일이 아니라는걸요. 모든 일에는 노력이 필요합니다. 쉽게 부자가 될 수 없는 것과 같은 이치죠.

저는 집에 있을 때 대부분 **BBC** 라디오를 틀어놓습니다. 세상 돌아가는 일을 알고 싶으니까요. 조사는 인터넷으로 합니다. 예전에는 신문이나 잡지, 직접 방문을 통해서 했지만 지금은 그럴 필요가 없죠. 이를테면 일본의 중앙은행에서 일어나는 일을 인터넷으로 알 수 있습니다. 스위스 중앙은행의 정보도 알 수 있죠. 예전에는 책이나 조사 자료, 연감, 상품 자료를 입수해서 통계를 확인하거나 전화로 문의해야 했지만 지금은 인터넷으로 모든 것이 해결됩니다. 우리는 세상에 무슨 일이 일어나는지 파악하고 풍부한 지식을 쌓기 위해 시간을 할애해야 합니다. 풍부한 지식을 갖고 있으면 스스로를 도울 수 있습니다. 이 지식이 미래의 자신에게 중대한 영향을 미칩니다.

8. 지금 세상은 비트코인 등 새로운 것에 열광하고 있습니다. 어떻게 생각하십니까?

제가 거기에 속해 있지는 않지만 새로운 것이 세상을 휩쓰는 현실에는 공감합니다. 특히 비트코인의 경우 일부 사람들은 큰 돈을 벌었죠. 이 일부 사람들을 보며 투자하지 않은 사람들은 그걸 샀어야 했는데 하고 후회하곤 합니다. 하지만 우리가 모르는 급락을 경험하는 사람도 있죠. 오히려 비중으로 따지면 훨씬 많을 겁니다. 대부분은 이들을 염두에 두지 않아요. 급등한 종목에만 주목하기 때문입니다.

저도 예전에는 그랬습니다. 하지만 지금은 그러지 않아요. 흐름을 놓쳐서 기회를 잃은 걸까요? 그럴 수도 있겠죠. 하지만 놓쳤다고 세상이 끝나지는 않습니다. 저는 앞으로 더 많은 기회가 있다는 걸 알고 있습니다. 그래서 걱정하지 않습니다. 설령 무언가를 놓쳤다고 해도 훨씬 더 많은 것이 기다리고 있습니다.

"나도 할 수 있었겠네. 쉽네."

여러분이 인터넷이나 신문을 보며 이렇게 말한다는 것을 압니다. 하지만 그 기회를 잡는 게 쉽지만은 않습니다. 부자가 되기란 쉽지 않아요. 성공하면 좋겠지만 실패도 겪기 마련입니다.

잘못을 저지르기도 할 테고요. 그러나 이것은 좋은 일입니다. 실패와 잘못에서 배울 수 있으니까요. 부자가 되고 싶다면 그것이 어떤 방법이든 집중해서 자제심을 유지해야 합니다. 그것이 성공을 부를 것입니다.

9. 두 자녀를 두셨죠. 자녀 교육 방침에 대해 알려 주시죠.

여러 나라에서 말한 적이 있어서 뻔하게 들릴지도 모르겠어요. 저는 자녀에게 표준 중국어를 가르치라고 권합니다. 중국이 21세기에 가장 중요한 나라가 되리라 생각하기 때문입니다. 19세기는 영국의 시대였고 20세기는 미국의 시대였죠. 좋든 싫든 간에 그렇게 되리라고 생각합니다. 그래서 저는 아이들이 표준 중국어를 배울 수 있도록 싱가포르로 이주했습니다. 그러면 아이들이 아시아에 대해 배우고 중국어로 이야기할 수 있게 되리라 생각했죠.

도쿄에 살고 싶다는 생각도 했지만 일본은 중국어를 사용하지 않지요. 저는 원어민처럼 말하고 싶다면 그 언어로 이야기해야만 하는 곳에 있어야 한다고 생각했어요. 게다가 9, 10살이 되면 외국어로 말하는 걸 거부하기 시작합니다. 첫째 딸은 4살 때 싱가포르에 왔는데 지금은 유창하게 중국어를 사용합니다. 둘째 딸은 싱가포르에서 태어났죠. 물론 잘합니다.

물론입니다. 저는 아이들에게 **6**개의 저금통을 줬습니다. 미국 달러, 싱가포르 달러, 일본 엔 등 각각 다른 통화의 저금통입니다. 이 저금통은 아이들로 하여금 통화를 공부하게 합니다. 그리고 동시에 저금이 무엇인지를 알고 배우게 하죠. 저는 은행 이자에 대해서도 가르쳤습니다. 돈을 많이 맡길수록 이자를 많이 받을 수 있다고 알려 줬어요.

언젠가 첫째 딸이 바비 인형을 갖고 싶다더군요. 저는 말했습니다. "좋아, 네 돈으로 사려무나." 이삼 년 뒤 첫째 딸은 자기보다 동생이 더 많은 돈을 가지고 있다는 걸 깨달았어요. 저는 말했죠. "네가 바비 인형을 사기 위해 돈을 꺼내 쓴 일을 기억하고 있니?" 딸은 이 일을 크게 후회했어요. 하지만 좋은 수업이 되었습니다. 딸은 바비 인형을 사는 데 돈을 쓰면 남보다 돈이 적어진다는 교훈을 얻었죠. 첫째 딸은 결국 그 바비 인형을 동생에게 줬습니다. 바비 인형을 갖고 놀 나이가 지난 거죠. 동생은 바비 인형이 공짜로 생긴 겁니다. 언니보다 더 많은 돈을 가진 채로요. 기다린 자에게 기회가 찾아온 거죠.

우리는 기회를 이용할 줄 알아야 합니다. 절약하면 돈이 늘어난다는 것을 아는 것도 공부입니다.

그렇죠. 하지만 경험을 한 것에 그치면 안 돼요. 저는 딸들에게 말했어요. "열네 살이 되면 일자리를 얻어야 해." 둘째는 아홉 살이었지만 마침 첫째는 열네 살이 되었죠. 저는 딸이 맥도날드 같은 곳에서 시급 8달러짜리 일을 하겠거니 생각했습니다. 그런데 아니었어요. 시급 20달러짜리 일을 구했어요. 아이들에게 중국어를 가르치는 일이었죠. 열네 살에 시급 20달러라니! 놀라운 일이죠. 딸아이는 저보다 영리했어요. 자신을 잘 알고 있었죠. 그 아이의 중국어는 싱가포르에서 최고 수준이었거든요. 어린아이들을 가르치는 것도 좋아했어요.

딸아이는 자신이 잘할 수 있고 잘 아는 것이 무엇인지 파악했어요. 저는 그저 말로만 그 아이에게 힘을 실었죠. "배우기 위해 일자리를 얻거라" 하고 말했거든요. 일할 때는 지시를 받아야 하고 제시간에 일하는 곳에 도착해야 하며 아무것도 하지 않고 앉아 있을 수는 없죠. 딸아이는 이 사실을 몸소 익혔습니다.

저는 열네 살은 그걸 익혀야 하는 나이라고 생각합니다. 자신이 무엇을 잘 알고 무엇을 좋아하며 무엇에 관심이 있는지를 찾아야 합니다. 그리고 돈을 절약하는 방법을 배워야 합니다. 돈은 하늘에서 떨어지지 않습니다. 일해서 얻어야 합니다. 그것을 빨리 알아 두는 편이 좋습니다. 저는 딸아이가 돈이 무엇인지, 일이 무엇인지 모르는 어른이 되기를 바라지 않습니다.

11. 우리는 돈을 얻기 위한 일과 어떻게 마주해야 할까요?

가장 좋은 방법은 좋아하는 일을 하는 겁니다. 만약 제가 어떤 사람에게 "분명 잘될 테니까 피자 레스토랑을 열어야 합니다" 하고 말한들 그 사람이 "피자에는 관심이 없습니다"라고 말하면 그걸로 끝입니다. 그리고 그걸로 된 겁니다. 설령 제가 돈을 얻을 수 있는 대단한 방법을 알려 준다 해도 그 사람이 그것을 좋아하지 않고 그에 대해 잘 알지 못하면 흥미를 느끼기 힘들겠죠. 일이 잘 풀리지 않을 겁니다.

대부분의 사람이 금방 부자가 되고 싶어 하지만 그렇게 되기는 어렵습니다. 그 일을 잘 알고 열심히 하겠다는 의지를 갖고 있지 않으면 안 되죠.

워런 버핏의 예를 들어 볼까요? 그는 자산 대부분을 60세가 넘어서 획득했습니다. 그는 평생 투자 활동을 해 왔지만 인생의 후반에 최대의 성공을 거뒀습니다. 윈스턴 처칠은 70세를 넘긴 시점에서 영국 총리가 되었습니다. 누구나 이들처럼 될 수 있습니다. 좋아하고 잘 아는 것을 발견하면 성공할 수 있습니다. 그러니 좋아하지도 않고 잘 모르는 것은 부디 하지도 말고 시도하지도 마십시오. 피자를 좋아하지도 않으면서 피자 레스토랑을 열 생각은 하지 마세요. 분명 좋아하는 것에 대해 이미 어느 정도 지식이 있을 겁니다. 흥미를 갖고 인터넷으로 조사하기도 하니까요. 그것이 남들과 차별화할 수 있는 가장 큰 강점입니다.

무엇을 아끼고
어디에 투자할 것인가

12. 왜 투자를 하시나요? 그리고 투자할 때 가장 중요하게 생각하는 부분은 무엇일까요?

저는 돈을 가지기 위해 돈을 원하지 않았습니다. 그저 자유를 원했을 뿐입니다. 저는 항상 자유를 사고 싶었습니다. 그것이 중요했습니다. 실제로 저는 지금도 보석이나 값비싼 시계를 갖고 있지 않습니다. 제가 원한 건 자유니까요. 투자는 그 일 자체를 좋아하기 때문에 하고 있습니다. 저는 이 세상에 무슨 일이 일어나고 있는지, 앞으로 무슨 일이 일어나려는지에 대한 관심이 많습니다. 제가 좋아하는 투자 행위를 함으로써 돈을 받을 수 있는 창구를 찾은 겁니다. 놀랍게도 잘하면 많은 돈을 받을 수 있는 창구였던 거죠. 저에게는 완벽한 공간이었습니다.

투자는 제가 하고 싶었던 일 그 자체입니다. 여러분도 분명 하고 싶었던 일이 있을 겁니다. 없다면 좋아하는 일을 찾으십시오. 타인이 뭐라고 하든 그것이 좋아하는 일이라면 그 일을 해야 합니다. 그러면 성공할 수 있을 겁니다. 성공하지 않아도 문제없습니다. 분명 행복해질 테니까요. 행복하다면 성공 여부 따위는 문제가 되지 않아요. 타인의 인생이지만 저는 확신합니다.

투자할 때 중요한 게 하나 더 있습니다. 포기하지 않고 꾸준히

계속하는 것입니다. 인내심을 갖고 계속해야 합니다. 지금 제 아이들에게 가르치는 것이기도 합니다. 저는 젊었을 때 그것을 배웠습니다. 처음에 실패해도 계속 도전했습니다. '계속하면 실력이 된다[継続は力なり]'는 일본 속담과도 일맥상통하죠. 저 역시 포기하지 않았기에 성공할 수 있었습니다.

교육 수준이 높은 사람만이 성공하진 않습니다. 실제로 월가에는 대학을 나오지 않은 사람도 많이 있습니다. 영리한 사람이 반드시 성공하는 것은 아닙니다. 재능 있는 사람이 반드시 성공하지도 않지요. 미모를 가진 사람이 꼭 성공한다는 보장도 없습니다. 성공의 요소를 하나만 꼽는다면 포기하지 않고 끝까지 하는 것입니다. 주위를 둘러보면 그 진실을 깨달을 수 있을 겁니다.

무엇을 아끼고
어디에 투자할 것인가?

초판 1쇄 인쇄 2019년 4월 2일
초판 5쇄 발행 2021년 3월 10일

지은이   사친 처드리
옮긴이   오시연
발행인   김승호
펴낸곳   스노우폭스북스
편집인   서진

마케팅   구본건 김정현
영업   이동진

주소   경기도 파주시 광인사길 209, 202호
대표번호   031—927—9965
팩스   070—7589—0721
전자우편   edit@sfbooks.co.kr
출판신고   2015년 8월 7일 제406—2015—000159

ISBN   979-11-88331-61-1 (03190)